HOMENS DE MAHALLA

PERFORMANCES DE MASCULINIDADES E CONSTRUÇÕES DE REPUTAÇÕES EM UMA CIDADE NO DELTA DO NILO

Catalogação na Fonte
Elaborado por: Dayanne Leal Souza
Bibliotecária CRB 9/2162

C268h
2024

Cardoso, Bárbara
Homens de Mahalla: performances de masculinidades e construções de reputações em uma cidade no delta do Nilo / Bárbara Cardoso. – 1. ed. – Curitiba: Appris, 2024.
148 p. ; 21 cm. – (Coleção Ciências Sociais).

Inclui referências.
ISBN 978-65-250-7155-8

1. Performances. 2. Masculinidades. 3. Reputações. 4. Egito. 5. Al-Mahalla. 6. Al-Kubra. I. Cardoso, Bárbara. II. Título. III. Série.

CDD – 305.31

Livro de acordo com a normalização técnica da ABNT

O presente trabalho foi realizado com apoio da Coordenação de Aperfeiçoamento de Pessoal de Nível Superior – Brasil (Capes) – Código de Financiamento 001

Appris editora

Editora e Livraria Appris Ltda.
Av. Manoel Ribas, 2265 – Mercês
Curitiba/PR – CEP: 80810-002
Tel. (41) 3156 - 4731
www.editoraappris.com.br

Printed in Brazil
Impresso no Brasil

BÁRBARA CARDOSO

HOMENS DE MAHALLA

PERFORMANCES DE MASCULINIDADES E CONSTRUÇÕES DE REPUTAÇÕES EM UMA CIDADE NO DELTA DO NILO

Appris editora

CURITIBA, PR

2024

FICHA TÉCNICA

EDITORIAL
Augusto Coelho
Sara C. de Andrade Coelho

SUPERVISORA EDITORIAL Renata C. Lopes

PRODUÇÃO EDITORIAL Daniela Nazario

REVISÃO Cristiana Leal

DIAGRAMAÇÃO Bruno Ferreira Nascimento

CAPA Mateus de Andrade Porfírio

REVISÃO DE PROVA Bianca Pechiski

Temos procurado, com sucesso nada desprezível, manter o mundo em desequilíbrio, puxando tapetes, virando mesas e soltando rojões. Tranquilizar é tarefa dos outros; a nossa é inquietar.

(Clifford Geertz)

PREFÁCIO

No primeiro semestre de 2019, eu, com minha saudosa colega Simoni Lahud Guedes, tive a oportunidade de lecionar a disciplina "Etnografia Urbana: Masculinidades" no Programa de Pós-Graduação em Antropologia da Universidade Federal Fluminense. O objetivo original do curso, discutir trabalhos que informam as perspectivas antropológicas sobre os processos de construção de modelos de masculinidade, foi alcançado. Porém, gostaria de acrescentar algo que não estava previsto: as amizades que surgiram durante a disciplina. Além das aulas, organizamos um seminário com meu colega Matthew Gutmann, fizemos churrasco e, por último, mas não menos importante, publicamos em uma coletânea os trabalhos finais da disciplina. Tudo isso em um único semestre!

Eu comecei falando sobre a turma para contextualizar onde e quando conheci Bárbara Cardoso, que foi uma aluna ativa nas atividades que organizamos e nos brindou com o artigo "Não basta ser, tem que mostrar: a construção de reputações masculinas em um subúrbio de Al-Mahalla Al-Kubra, Egito", que já era um preâmbulo do livro que temos em mãos.

Em português, salvo engano, há raríssimos textos sobre masculinidades em contextos não ocidentais. Por isso, saúdo de antemão o texto de Bárbara — que originalmente foi sua dissertação defendida no PPGA da Universidade Federal Fluminense, orientada pelo meu colega Paulo Gabriel Hilu da Rocha Pinto — pela originalidade e ousadia de sua temática. Afinal, os estudos sobre homens e masculinidades estão em franco crescimento, e textos ousados são sempre bem-vindos; ajudam o campo a se manter arejado e evitam a estagnação com modismos, lugares-comuns ou estereótipos que fazem parte do mundo midiático, mas não podem, e não devem, pautar as agendas e debates acadêmicos.

Bárbara nos remete ao velho estar lá. Assim, damos umas voltas por Mahalla, conhecemos a família ElSharb, participamos do *Ramadan* e entendemos o quanto devemos estar atentos às oportunidades que cruzam nossos percursos durante uma pesquisa. É por meio desses percursos que Bárbara nos leva a conhecer o que os homens fazem/performam para serem reconhecidos como "homens de verdade" por suas audiências. Como nos mostra a bibliografia sobre masculinidades, os homens (somente eles?) querem ser vistos pelos outros com os valores positivos da sociedade da qual fazem parte. Para isso, há um longo e intrincado caminho que, para ser compreendido, exige o que na Antropologia chamamos de observação-participante. Assim, conviver com eles é necessário para "decifrar" o emaranhado de significados que ajudam a construir.

O trabalho da minha ex-aluna contribui com estudos que nos ajudam a desfazer, como diria Matthew Gutmann, os tipos ideais enlouquecidos que servem para a criação e manutenção de estereótipos que perpetuam relações opressivas de poder, especialmente de outras masculinidades que não sejam a branca ocidental. Como salientei acima, temos pouca coisa escrita sobre masculinidades não ocidentais, mas arrisco afirmar que essas têm em comum alguns estereótipos que negros, camponeses, latino-americanos, homens das classes trabalhadoras compartilham: inseguros, violentos, machistas etc. Contudo, os árabes, especialmente os muçulmanos, têm um acréscimo: terroristas.

A mídia nos inunda com imagens de mulheres muçulmanas oprimidas —esquecendo que poucas sociedades atribuem humanidade integral às mulheres —, e homens muçulmanos fanáticos religiosos que, além de ameaçarem o mundo, têm tempo para oprimir suas mulheres e filhas. Sem minimizar as opressões às quais as mulheres são submetidas nesta ou naquela sociedade, não podemos cair na armadilha de apontar outros grupos sociais como exemplos acabados do que é bom ou ruim. Devemos compreender quais são os valores compartilhados no grupo em questão, entender o que significam para cada povo, sem impor fórmulas salvadoras, algo em que o Ocidente sempre foi pródigo. Sabemos quais foram os resultados para os povos que foram contemplados por essa *mission civilisatrice*.

Dessa forma, a obra de Bárbara chega em boa hora. Quais são as performances esperadas para que um homem seja respeitado? Quais batalhas cotidianas devem ser vencidas? Quais os cuidados para não perder o prestígio conquistado? Temos que acompanhar os percursos que Bárbara percorreu e nos presenteia com seu texto para sabermos além do que eles falam ou fazem, mas como falam e fazem para serem reconhecidos na sua sociedade como "homens de verdade".

Por fim, afinal a estrela aqui é a autora, fico muito contente e orgulhoso por ver este trabalho vir à luz. Meus parabéns, Bárbara, que seja o primeiro de muitos outros livros que virão!

Pé do Morro dos Macacos, Vila Isabel, Rio de Janeiro, outono de 2024.

Rolf Malungo de Souza
Antropólogo e professor da Universidade Federal Fluminense

SUMÁRIO

1

INTRODUÇÃO

Este livro é fruto de uma pesquisa cujo objetivo principal foi analisar performances masculinas em Al-Mahalla Al-Kubra, no Egito. Tal abordagem possibilita o entendimento das masculinidades, em especial as egípcias e islâmicas, como objetos de reflexão teórica, e não como categorias dadas. Com isso, a presente obra se empenha em contribuir para o debate antropológico sobre masculinidades, com foco no Oriente Médio, especialmente no que se refere às produções em língua portuguesa, uma vez que essas, quando abordam questões de gênero, na maioria das vezes, colocam as mulheres no centro da análise.

Meu envolvimento com estudos de gênero começou na graduação em História. Inicialmente, meu foco era voltado à análise de documentos literários sobre mulheres e amor na Roma Clássica (Cardoso, 2018). Em 2016, após uma experiência de mobilidade internacional na Universidade de Coimbra, em Portugal, meus interesses se ampliaram significativamente.

Quando estava morando em Portugal, visitei Marrocos a turismo duas vezes, e o contato com uma realidade tão diferente fez despertar o desejo de aprofundar meu conhecimento sobre as comunidades muçulmanas. Em 2018, tive a oportunidade de ir ao Egito, onde fiquei por cerca oito meses. Visitei várias cidades, porém permaneci mais tempo entre o Cairo e Al-Mahalla al-Kubra, uma cidade localizada na região do delta do Nilo. Além de ter sido uma experiência mais intensa e profunda do que a que tive no Marrocos, o período em que estive no Egito foi bastante significativo no que se refere ao caminho que eu viria a trilhar.

Tenho o hábito de viajar sozinha e utilizo bastante uma plataforma para viajantes chamada Couchsurfing, cujo lema é: "Travel like a local". Por meio dessa plataforma, conheci pessoas de todos os lugares onde estive "viajando como uma local", tal como é a proposta. O Couchsurfing é mais do que simplesmente ter uma hospedagem gratuita, é uma troca que ocorre entre o viajante e o anfitrião, uma forma diferenciada de fazer turismo. E no Egito não foi diferente. Inclusive foi por usar o Couchsurfing que tive a oportunidade de ficar no país por tanto tempo e conhecer mais a fundo a vida cotidiana. Por meio dessa plataforma, é possível se hospedar na casa de locais ou, ao menos, encontrá-los a fim de nos apresentarem lugares que geralmente estão fora da rota turística. Além da plataforma, entrei em grupos no Facebook, como o "Brasileiros no Egito". A partir dessa rede social, tive contato com muitos brasileiros e brasileiras que lá viviam. De forma geral, posso dividi-los em dois grupos: jovens universitários que estavam no país fazendo trabalho voluntário intermediado por organizações não governamentais, e mulheres brasileiras que conheceram um homem pela internet, largaram tudo no Brasil e foram se casar, tendo a maioria se convertido ao Islã. Esse segundo grupo chamou bastante minha atenção e acabei fazendo amizade com muitas dessas mulheres. Justamente a partir desses contatos, e com a ajuda de algumas dessas mulheres, pude me inserir em esferas que uma mera turista dificilmente teria acesso. Com isso, conheci mais a fundo certas dinâmicas sociais. Ainda que esses relacionamentos entre mulheres brasileiras e homens egípcios não estejam no cerne da pesquisa que deu origem a este livro, a proximidade com elas foi essencial para que esta obra se concretizasse. Foi a partir da inserção em determinadas dinâmicas sociais que pude voltar meu olhar para as performances masculinas.

Desse modo, partindo do pressuposto de que o entendimento sobre o que é ser homem não tem um único significado e, portanto, também precisa ser problematizado, esta obra se propõe a lançar um olhar antropológico para as masculinidades performatizadas em Al-Mahalla Al-Kubra, no Egito. Saliento, em concordância com Gutmann (2017), que, quando me refiro especificamente a masculinidades, essas não devem ser pensadas simplesmente em termos do que os homens dizem e fazem, mas sim com o que "os homens dizem e fazem para *ser homens*" (Gutmann, 2017, p. 62, grifos do autor). Cabe ressaltar, ainda, que tive como foco as dinâmicas de construções de reputações masculinas que, por sua vez, se relacionam ao conceito de honra, que remete a uma forte preocupação sobre a imagem que uma pessoa tem de si mesma e, mais do que isso, como tal imagem é reivindicada, por quem e como é reconhecida. Tal reconhecimento produz ou reforça reputações, que estão constantemente à prova (Pitt-Rivers, 1988).

Se as reputações precisam ser reconhecidas por outros e estão constantemente à prova, depreende-se que as dinâmicas a partir das quais tais reputações são reivindicadas ocorrem de forma pública. Por isso, existe uma grande insegurança e instabilidade no que se refere ao sistema de avaliação que, por sua vez, pode manter, construir ou destruir reputações, seja em âmbito individual ou coletivo. Isso significa que a honra não é inabalável. Por isso, há a necessidade de ser constantemente reivindicada: o indivíduo "está sempre demandando a opinião pública de seus 'iguais' para que eles o considerem digno" (Peristiany, 1965, p. 11). Caminha nesse mesmo sentido a afirmação de Pitt-Rivers (1988, p. 19), segundo a qual "a opinião púbica forma [...] um tribunal perante o qual são trazidas as reivindicações de honra".

1.1 PERSPECTIVAS TEÓRICAS

Pesquisas sobre masculinidades na contemporaneidade estão contempladas dentro dos estudos de gênero, que, por sua vez, têm sua historicidade. A pesquisa de Mead (2013) realizada junto aos povos Arapesh, Mundugumor e Tchambuli, desenvolvida no âmbito da Escola de Cultura e Personalidade, é considerada um marco nos estudos de gênero na medida em que buscou romper com a ideia de um determinismo biológico na questão dos comportamentos associados aos sexos, voltando o olhar para a relação entre a cultura e a diversidade humana. Nessa perspectiva, é por meio do processo educativo, principalmente a partir da socialização na infância, que a cultura seria "impressa" nas pessoas. A cultura, nesse entendimento, molda o ser humano. Obviamente que isso nunca é perfeito, então o eixo que Mead (2013) utiliza para trabalhar essa imperfeição do processo é categoria do inadaptado. É por meio dele que ela dá conta de pensar que todo esse processo de moldagem não é completamente bem-sucedido, fazendo com que a pessoa não se adeque aos valores socialmente estabelecidos. Percebe-se que, ao mesmo tempo em que Mead (2013) defende um determinismo cultural, ela não deixa de ir em busca da individualidade. Não por acaso, discorre sobre os inadaptados.

Para pensar a diversidade no seio de uma mesma cultura, Mead (2013) traz a questão dos impulsos e a dimensão do inato. Mas não só isso. Para a antropóloga, o inadaptado é

> [...] qualquer indivíduo que, por disposições inatas ou acidente da primeira educação, ou mediante influências contraditórias de uma situação cultural heterogênea, foi culturalmente 'cassado', o indivíduo para quem as ênfases mais importantes de sua sociedade parecem absurdas, irreais, insustentáveis ou completamente erradas (Mead, 2013, p. 277).

Assim, busca-se uma resposta para como se lida, ao mesmo tempo, com uma ordem social na qual predomina uma certa explicação sociocultural e com a existência de diversidades dentro do grupo social. Diversidades essas representadas pelos inadaptados, pelas diferenças e pelas variações. Mead (2013) fecha o livro fazendo um elogio a essas variações, no sentido de que, quanto mais variações, menos inadaptados, já que todos encontrariam um espaço social no qual pudesse adequar seu temperamento às matrizes culturais dadas.

Seu argumento fica claro quando apresenta o perfil de homens e mulheres em cada uma das tribos estudadas. Entre os Arapesh e os Mundugumor, havia um ethos uniforme padrão para ambos os sexos. No entanto, enquanto entre os primeiros esperava-se que todos fossem cooperativos, gentis e delicados, entre os segundos esperava-se que fossem violentos e agressivos. Já entre os Tchambuli, esperava-se que homens e mulheres tivessem temperamentos distintos, sendo as personalidades sociais masculinas e femininas opostas e complementares. A partir desse cenário, Mead (2013) chama atenção que o inadaptado de um grupo pode vir a encontrar espaço em outro, o que reforça a ideia de que, quanto mais variações, menos inadaptados.

O ethos masculino dos Tchambuli encontra similaridade no temperamento dos Arapesh; enquanto o ethos feminino corresponderia ao temperamento dos Mundugumor. Ou seja, os diferentes temperamentos não devem ser pensados meramente a partir da biologia, já que qualquer um desses ethos pode ser o padrão para qualquer um dos sexos.

No entanto, ainda que se pense na diversidade, o espaço para a autonomia é muito reduzido. O foco não é o indivíduo, mas sim o grupo, a sociedade. Para Mead (2013), se as pessoas, individualmente, estarão mais satisfeitas com mais diversidade, mais possibilidades e mais potencialidades, isso é um ganho completamente secundário. O que importa de fato é que a sociedade estará mais equilibrada, mais harmônica e desenvolverá melhor suas potencialidades caso haja espaço para que os diversos temperamentos possam se expressar.

Anos mais tarde, no âmbito do Estruturalismo francês, Lévi-Strauss (1982) apresentaria outra perspectiva sobre performances de gênero. Uma questão central no pensamento estruturalista é pensar quais são as regras que organizam os sistemas. Ao refletir sobre o tabu do incesto e a circulação das mulheres, o antropólogo buscava a regra que fazia com que homens e mulheres se comportassem de determinada maneira. As regras, do ponto de vista estrutural, são colocadas como um corte entre o espaço da natureza e o espaço da cultura. Ao fim e ao cabo, o que Lévi-Strauss (1982) ressalta é que a questão do incesto não pode ser resolvida a partir de uma perspectiva biológica, mas sim por meio de uma perspectiva social.

Para Lévi-Strauss (1982), o que marca o campo da natureza é a universalidade, enquanto o campo da cultura é marcado pela particularidade. A questão do incesto é a única que é, ao mesmo tempo, universal e particular, pois ele defende que todos os grupos humanos definem a existência de uma relação de incesto. Porém, o que cada grupo define como sendo o incesto varia de sociedade para sociedade. Essa característica do incesto seria como uma espécie de elo perdido entre o sistema da natureza e o sistema da cultura. Ou seja, é esse elo que institui a passagem do ser humano como um ser natural para um ser cultural, e o que define essa passagem é a regra. É, assim, o fator que institui a ideia do ser humano como um ser cultural.

A lei que define que não é permitido casar dentro da própria família é o que, na perspectiva de Lévi-Strauss (1982), vai organizar e possibilitar a constituição de um grupo social. Ou seja, ao tornar proibido o casamento dentro da família, se estabelece a questão da aliança e da troca. Então, em um certo sentido, ele está menos interessado se são os homens ou as mulheres que são trocados e muito mais interessado nessa lei estrutural que organiza as trocas, que, por sua vez, vai possibilitar a vida social. O que está posto na questão do incesto é menos seus aspectos negativos — de que não é permitido casar com determinadas pessoas — e mais o que isso produz enquanto sistemas de trocas e relações de aliança. O foco é no aspecto positivo e na dimensão social do tabu do incesto. Ou seja, não é possível entender o significado dessa norma se pensarmos apenas nos casamentos como relações entre dois indivíduos que se casam. O que é enfatizado aqui é a dimensão social em que isso se dá, pois não se trata de uma sociedade composta de indivíduos, isto é, as estruturas e as relações não são organizadas para satisfação e o bem-estar dos indivíduos. O fundamental é o grupo.

Aqui é possível observar uma contraposição forte entre a Escola Sociológica Francesa dos herdeiros de Rousseau, guiados por esse racionalismo para pensar uma dimensão mais geral, e a vertente estadunidense, apresentada anteriormente, da perspectiva empírica de pensar a organização social e cultural em suas diferenças. Enquanto Mead (2013) focava as análises simbólicas dos grupos sociais, Lévi-Strauss (1982) buscava essa dimensão mais universal, conceitual e racionalista. Na presente obra, ainda que não seja um objetivo examinar a forma como as masculinidades e suas performances foram construídas, a perspectiva de Mead (2013) faz mais sentido, na medida em que trabalha com a noção de padrões culturais e suas agramaticalidades.

Se em Mead (2013) a autonomia do indivíduo não era uma questão relevante; em Lévi-Strauss, a vontade individual se torna quase impraticável. O antropólogo defende que grupos que tendem a uma extrema demanda de coesão social vão se construir fundamentalmente em torno de laços que sejam fortemente estruturados que se articulem em um tipo de dimensão na qual a escolha do indivíduo autônomo seja dificultada, pois ele não está sendo pensado enquanto seu direito individual.

A abordagem de Lévi-Straus (1982) para pensar questões sociológicas, entre as quais estão englobados os estudos de gênero, tem seu foco voltado para as regras a partir das quais nós pensamos. Possui, portanto, viés universalista, o que acaba por se afastar da ênfase empírica do trabalho de campo antropológico, que seria, nesse contexto, somente um ponto de partida para buscar entender como o ser humano pensa. Além disso, essa perspectiva torna difícil pensar sistemas complementares que não sejam calcados na valorização do indivíduo como valor social, como é o caso do grupo no qual realizei minha pesquisa. Pode-se correr o risco de olhar para esses grupos e chegar à conclusão de que as pessoas estão completamente submetidas à ordem social.

Bourdieu (2011) vai inserir a dimensão das práticas dentro da perspectiva estruturalista. Ele não rompe com o estruturalismo, mas tenta encontrar um espaço para essa dimensão da prática que estava fora da perspectiva clássica de Lévi-Strauss.

O sociólogo reflete como a ação no meio social se organiza e qual é o espaço dessa dimensão da ação, da motivação humana. Isso sem perder de vista que essas práticas são organizadas a partir das estruturas estruturantes, ou seja, há uma dimensão da agência que passa a ter destaque, mas que é limitada na medida em que é permanentemente organizada a partir da dominação masculina, que é a estrutura central da análise que Bourdieu desenvolve. Percebe-se que, ao mesmo tempo que se abre algum espaço para a prática, não se repensa teoricamente enquanto uma prática completamente autônoma, pois ela se dá a partir das categorias que organizam a vida social. Para Bourdieu (2011), essas categorias são comuns a todos.

Embora ele se refira à dominação masculina, isso não significa que o homem seja o ponto a partir do qual se olha. A dominação masculina domina homens e mulheres, ou seja, é uma estrutura que organiza todas as relações. Portanto, o olhar dos homens sobre si e sobre as mulheres, assim como o olhar das mulheres sobre os homens e sobre si mesmas, estão organizados a partir dessa dominação masculina, que é estrutural. Não há o pressuposto de uma agência de homens definindo o agir das mulheres, mas uma agência do todo de como homens e mulheres se comportam. Isso não significa que essa estrutura não seja desigual e hierárquica. É importante ter no horizonte que ela aprisiona e organiza a ação dos dois lados, e isso leva a um nível de complexidade muito maior para entender os grupos que não são tão individualistas.

Nessa perspectiva, a dimensão do ser homem e ser mulher está menos marcada pelo sexo biológico e mais pelo arco e pelo cesto, nos termos de Clastres (2003). Há aspectos que definem socialmente uma posição, o que leva a cobranças sociais. Bourdieu (2011) aborda a naturalização da posição masculina sendo ocupada por homens e a feminina, por mulheres e o quanto que isso constrói uma noção errônea de que se trata de dominação de homens sobre mulheres, e não uma dominação do masculino sobre o feminino.

A elaboração teórica de Bourdieu (2011) chama atenção para a existência de posições estruturais que podem se perpetuar — e muitas vezes se perpetuam — em uma relação entre dois homens ou entre duas mulheres, justamente pela capacidade de ser uma estrutura estruturante. Isso ajuda a pensar uma multiplicidade de gêneros para além da questão do sexo. Em um recorte de classe, por exemplo, podemos ter uma distinção entre trabalho braçal e trabalho intelectual que, por sua vez, marca uma distinção entre um tipo de virilidade associado a uma ausência de refinamento como uma qualidade, enquanto em outra esfera essa masculinidade poderia estar vinculada à racionalidade e à capacidade de ser bom provedor. São diferentes articulações que configuram variadas noções do que é ser o homem que é homem. Vale de Almeida (1996), em sua etnografia em uma aldeia de Portugal, demarca que, mesmo ali, há o homem que é homem da pedreira e o homem que é homem do espaço urbano, do comércio, e como que cada um busca desqualificar o outro a partir de elementos que cada grupo entende do que é ser masculino. Percebe-se que a estrutura nem sempre é tão dicotômica como Bourdieu (2011) apresenta.

É importante, ainda, não confundir a teoria da dominação masculina com a perspectiva da opressão de gênero, uma vez que esta, diferentemente daquela, coloca explicitamente que há uma estrutura universal que se baseia na dominação dos homens sobre as mulheres (Ortner, 1979). Como já está claro, o conceito de dominação masculina não se trata disso. Ou seja, em Boudieu (2011), pensar em masculinidades é relacioná-las à classificação simbólica que não somente homens, mas também mulheres, podem performatizar. No entanto, nesta pesquisa, embora eu não negue esse cenário, o que me interessa em particular não é qualquer prática, mas sim, conforme nos coloca Gutmann (1999), aquelas que remetem aos pensamentos e às ações dos homens. Nos termos de

Vale de Almeida (1996), a "masculinidade dos homens", isto é, "a complexa relação entre homens concretos e masculinidade" (p. 163).

Essa dimensão estrutural que Bourdieu chama de dominação masculina é um elemento relevante para análise, especialmente no que tange ao âmbito do poder, que é central para pensar as performances de masculinidades em Mahalla. Segundo Foucault (1985), os sujeitos são construídos historicamente a partir de relações de saber-poder que englobam campos políticos, econômicos e sociais. As masculinidades fazem parte desse processo de construção dos sujeitos e vão se realizar na cultura a partir da relação entre os diferentes micropoderes, como família, escola, Igreja, mídia etc.

A perspectiva foucaultiana caminha no sentido de que os discursos que partem dessas diferentes esferas produzem práticas, entre as quais se incluem as performances de masculinidades. Esses discursos não são aleatórios, mas selecionados, organizados e distribuídos de forma sistemática e controlada (Foucault, 1999). Embora meu propósito não seja analisar esses discursos, é relevante ter o entendimento de que as práticas para as quais lanço meu olhar têm essa origem. Nesse sentido, as masculinidades são performatizadas tendo como referência os padrões culturais[1] que, por sua vez, são estabelecidos discursivamente a partir das relações entre os micropoderes. Assim, as masculinidades são aqui entendidas não simplesmente como um instrumento de poder — entendimento que dialoga com a dominação masculina de Boudieu (2011); são, mais do que isso, produtos dos micropoderes.

Refiro-me, então, à noção de poder como produtor para além de simplesmente ser algo que impede a liberdade de um indivíduo ser um livre agente. O poder aqui não é pensado em termos de opressão de gênero ou repressão sexual, mas no que

---

[1] Segundo Benedict (2013), a cultura é algo como um arco de possibilidades no qual cada sociedade faz uma seleção, dando ênfase a determinados aspectos em detrimento de outros, formando, assim, os padrões culturais característicos do grupo. A partir da perspectiva foucaultiana, esse processo de seleção que estabelece padrões de cultura envolve relações de poder, já que os elementos culturais são selecionados e performatizados a partir dos diferentes micropoderes. Não por acaso a antropóloga afirma que "nenhum ser humano olha para o mundo com olhos puros, mas o vê modificado por um determinado conjunto de costumes, instituições e maneiras de pensar" (Benedict, 2013, p. 277).

está construindo em termos de performances de masculinidades, ainda que aqueles temas possam perpassar as análises.

Mesmo que eu esteja trabalhando em uma perspectiva de viés estruturalista, que busca encontrar padrões nas performances de masculinidades, pode-se afirmar que homens e mulheres não estão acorrentados a padrões imutáveis: ambos podem fazer escolhas, ressignificações e estabelecer novas relações (Connell, 2005). Por isso, há também as agramaticalidades, que são igualmente normativas. É justamente por conta dessa possibilidade de variação que Connell (2005) chama atenção para a dificuldade em definir o que é masculinidade. Assim, é possível pensar masculinidade como sendo "simultaneamente um lugar nas relações de gênero, as práticas a partir das quais homens e mulheres estabelecem esse lugar no gênero e os efeitos dessas práticas na experiência corporal, personalidade e cultura" (Connell, 2005, p. 71). Relações de gênero aqui entendidas como "um componente importante da estrutura social como um todo" (Connell, 2005, p. 76), uma vez que são uma das formas de estruturar as práticas sociais. Salienta-se, ainda, que o gênero é sempre relacional, pois "os padrões de masculinidade são socialmente definidos em oposição a algum modelo [...] de feminilidade" (Connell; Messerschmidt, 2013, p. 265).

Em pesquisa realizada no final da década de 1990, Gutmann (1999) afirmou que a masculinidade era ignorada ou considerada a norma em grande parte das etnografias. O autor buscou desconstruir esse entendimento, afirmando que "os estudos dos homens como homens" deveriam ser desenvolvidos a partir de um "contexto de um quebra-cabeças multigênero" (Gutmann, 1999, p. 270), tendo em vista que, assim como os estudos de etnicidade, "nunca podemos estudar um gênero sem estudar os outros" (Gutmann, 1999, p. 267). Antes dessa crítica, Vale de Almeida (1996, p. 164) já afirmava que é a partir dessa "negociação cotidiana, das interações carregadas de poder, das reformulações das narrativas de vida, que o gênero como processo e prática pode ser apreendido". Fica evidente, portanto, que não podemos perder de vista a ideia de que masculinidades são contextuais e relacionais, não somente nas relações entre os homens, mas também entre homens e mulheres.

Posteriormente, alguns estudos reforçaram e ampliaram tal entendimento, como Cecchetto (2004), que chama atenção para o fato de que, ao lançar o olhar para tais relações e contextos, é preciso considerar também um conjunto de dimensões, como "raça, etnia, orientação sexual, classe social e geração, entre outras" (p. 70). Tais elementos se entrecruzam formando diferentes configurações de práticas, para usar o termo de Connell (2005). Há, portanto, como afirmou Vale de Almeida (1996, p. 162), uma "diversidade de experiências e identidades dos homens" que, por sua vez, apontam "no sentido de existirem várias masculinidades".

De acordo com Santos Francisco (2016, p. 4-5), "a masculinidade se constrói em torno de uma série de qualidades e características consideradas típicas de um homem", referindo-se, assim, "à imagem estereotipada de tudo aquilo que seria próprio de indivíduos machos". Desse modo, certos valores, condutas e ideias orientam a forma como tais características serão performatizadas. Esse entendimento acerca das performances de masculinidade remete claramente à noção de masculinidade hegemônica cunhada por Connell (2005), na medida em que se configura em um modelo ideal de conduta masculina.

Para desenvolver sobre o significado do conceito em questão, Connell (2005) dialogou com a noção de hegemonia elaborada por Gramsci para pensar as relações de classe, isto é, como uma "dinâmica cultural pela qual um grupo reivindica e sustenta uma posição de liderança na vida social" (Connell, 2005, p. 77). A busca pela performance hegemônica da masculinidade funcionaria como uma estratégia de legitimação do patriarcado[2], buscando manter a posição dominante dos homens e a subordinação das mulheres.

Percebe-se, portanto, que essa noção de hegemonia leva ao entendimento de que existe uma dominação universal de homens

---

[2] Patriarcado entendido sob a perspectiva dos Estudos Feministas, que definem o termo a partir do pressuposto de que há uma dominação universal de homens sobre mulheres, em termos materiais e simbólicos (Saffioti, 2004).

sobre mulheres, mesmo que em configurações distintas conforme o contexto histórico-cultural. No entanto, existem também relações como essas entre homens, sendo o caso mais emblemático o domínio dos homens heterossexuais e a subordinação dos homossexuais. A homossexualidade é, nesse sentido, associada à feminilidade (Connell, 2005).

Além do modelo hegemônico, há masculinidades outras, chamadas conceitualmente de subordinadas. Essa relação entre masculinidades hegemônicas e subordinadas não é fixa e estável, uma vez que grupos subalternos podem dispor de seus próprios modelos de masculinidade hegemônica. É importante salientar que a masculinidade homossexual não é o único exemplo de masculinidade subordinada:

> [...] todos os "projetos" masculinos percebidos como "frágeis", "emocionais" ou que rompam de uma outra maneira com o ideal da masculinidade hegemônica [...] correm sempre o risco de serem relegados para a categoria da subordinação, independente da orientação sexual dos indivíduos (Grunnagel; Wieser, 2015, p. 344).

A masculinidade hegemônica não corresponde de fato à vida dos homens reais, apesar de ter caráter normativo, na medida em que "incorpora a forma mais honrada de ser um homem" (Connell; Messerschmidt, 2013, p. 245). Com isso, acaba levando os homens a se posicionar de alguma forma em relação a ela (Connell; Messerschmidt, 2013). É, portanto, um ideal inatingível que, segundo Vale de Almeida (1996), exerce forte influência sobre todos, homens e mulheres. Porém, ainda assim, Connell (2005) afirma que a maioria dos homens se beneficia da estrutura patriarcal, que é a base para o entendimento do conceito. Esses homens são caracterizados como cúmplices, pois têm "masculinidades construídas de maneira a realizar o projeto patriarcal, sem as tensões ou os riscos de ser linha de frente do patriarcado" (Connell, 2005, p. 79).

Connell (2005) traz, ainda, a noção de marginalização para pensar a interação do gênero com estruturas externas, como classe e raça, criando mais possibilidades de configurações de masculinidades. A marginalização se refere à "autorização da masculinidade hegemônica pelo grupo dominante" (Connell, 2005, p. 81), isto é, masculinidades são consideradas marginais na medida em que não têm acesso ao projeto hegemônico, tendo em vista que masculinidade hegemônica envolve poder econômico e simbólico (Grunnagel; Wieser, 2015).

Essa formulação acerca do conceito de masculinidade hegemônica recebeu algumas críticas, como a tendência a relacioná-la com características negativas; propensão à reificação e essencialização dos homens; dicotomização entre homens e mulheres; compreensão de masculinidade como uma característica fixa e a-histórica; apagamento do sujeito masculino por conta da perspectiva estruturalista de análise, o que remete à existência de um padrão nas relações de gênero.

Connell e Messerschimdt (2013), com bases nas críticas recebidas, realizaram uma revisão do conceito, e algumas formulações iniciais foram confirmadas, como a ideia de masculinidades múltiplas, noção de hegemonia e a ênfase na transformação; enquanto outras foram descartadas, como a visão unidimensional da hierarquização. Os autores sugeriram então

> [...] um modelo mais complexo da hierarquia de gênero, enfatizando a agência das mulheres, o reconhecimento explícito da geografia das masculinidades, enfatizando a interseccionalidade entre os níveis local, regional e global, um tratamento mais específico da encorporação em contextos de privilégio e poder; e uma maior ênfase na dinâmica da masculinidade hegemônica, reconhecendo as contradições internas e as possibilidades de movimento em direção à democracia de gênero (Connell; Messerschmidt, 2013, p. 241).

A partir desse novo entendimento, que considera a pluralidade e a complexidade das hierarquias — agora classificadas como externa (relações entre homens e mulheres) e interna (relações entre homens) —, enfatiza-se que os modelos hegemônicos não são inabaláveis, pois formas anteriores de masculinidade podem ser substituídas por novas, inclusive incorporando elementos de outras masculinidades e levando à criação de novas hegemonias (Connell; Messerschmidt, 2013).

Ao pensar uma geografia das masculinidades, Connell e Messerchimidt (2013) passam a trabalhar com a ideia de masculinidade hegemônica global, regional e local. A primeira, construída nas arenas transnacionais, na perspectiva da globalização; a segunda, construída no âmbito da cultura ou do Estado-nação; a última, construída nas interações face a face das famílias e comunidades imediatas.

Devido a tais características, seria mais proveitosa a utilização do conceito de masculinidade hegemônica local para o desenvolvimento de trabalhos etnográficos. De acordo com Connell e Messerschmidt (2013), incluir o termo "local" ao conceito enfatiza seu caráter contextual e relacional, evitando pensá-lo de forma essencialista e fixa.

Ainda assim, Inhorn (2012) problematiza o uso do conceito de masculinidade hegemônica, especialmente em relação aos homens do Oriente Médio:

> Embora a teoria seja projetada para dar conta da relacionalidade masculina, assim como do poder fluido e mutante entre os homens, suas aplicações etnográficas frequentemente parecem reificar masculinidades específicas como tipos estáticos que mantêm determinadas posições dentro de uma hierarquia social definida. Ou seja, a classificação dos interlocutores como exemplos de homens "hegemônicos" ou "subordinados" os classifica como sujeitos estáticos e serve para solidificar os próprios tipos. Isso obscurece a realidade vivida

> das diferentes formas de masculinidade como *estratégias sociais em constante transformação* realizadas através da prática (p. 45, grifos da autora).

Para Inhorn (2012), pensar masculinidades como práticas sociais dinâmicas, passíveis de transformações e tensões internas, torna-se uma tarefa de difícil execução, já que acaba por reduzi-las a tipologias.

Para embasar seu argumento de que os homens médio-orientais são geralmente descritos de forma essencialista e estereotipada, quando analisados sob a perspectiva teórica da masculinidade hegemônica, Inhorn (2012) apresenta a maneira como são representados em fontes como a mídia de massa ocidental, etnografias de antropólogos majoritariamente homens, abordagens feministas sobre o Oriente Médio e do que pode ser chamado de "autoestereótipo", ou Orientalismo residual, dos próprios homens e mulheres da região.

No primeiro momento em que se desenha um investimento mais sistemático em pesquisas sobre masculinidades no Oriente Médio, que se deu no início dos anos 2000, os estudos dialogavam, em geral, com a teoria da masculinidade hegemônica e da opressão de gênero. A própria Inhorn (2006) desenvolveu estudos baseados nessa linha teórica.

Em sua análise sobre como a infertilidade masculina afeta as mulheres, Inhorn (2006) afirma que, a despeito de visarem à universalidade, é importante ter em mente que sistemas patriarcais variam culturalmente. Dessa forma, a infertilidade masculina no Egito, seu objeto de estudo, só poderia ser compreendida a partir de sua relação com o modo como o patriarcado se expressa localmente. É nesse sentido que ela afirma que "[...] a infertilidade masculina fornece um excelente exemplo da natureza contínua do patriarcado na vida social egípcia e uma lente através da qual o gênero patriarcal e as relações conjugais podem ser vistos" (Inhorn, 2006, p. 219).

Inhorn (2006) levanta alguns pontos para uma análise mais cuidadosa, mas aqui me aterei somente a um que me interessa em especial: a relação entre patriarcado e masculinidade, isto é, se a identidade de gênero é diminuída pela infertilidade. Em outras palavras, se ocorre um processo de emasculação. A antropóloga afirma que, no Egito, o entendimento do que é ser homem se liga, em geral, à ideia de virilidade que, por sua vez, remete à potência sexual. Assim, homens inférteis acabam tendo sua masculinidade abalada, uma vez que são considerados fracos e incompletos. Logo, não seriam "homens de verdade".

A antropóloga chama atenção para o fato de que muitas mulheres egípcias acabam assumindo a culpa pela infertilidade, pois "não estão dispostas a minar a autoridade de seus maridos [...], cuja capacidade de produzir filhos deve permanecer inquestionável, principalmente por outros homens" (Inhorn, 2006, p. 230). Com isso, evitam o estigma de seus maridos e resguardam suas reputações, o que nos leva a um ponto central sobre a masculinidade no Oriente Médio, que, segundo Ouzgane (1997 *apud* Inhorn, 2006), se caracteriza como uma representação homossocial realizada perante outros homens e avaliada por eles. Segundo esse entendimento, o cerne da masculinidade no Oriente Médio seria a competição e a hierarquia homossocial, isto é, os homens buscam provar a si mesmos para outros homens.

Alguns anos mais tarde, Inhorn (2012) entende essa masculinidade como caricata e afirma que se prender a ela não nos deixa enxergar a variedade das masculinidades dos homens do Oriente Médio que, "como em todos os lugares, são plurais, diversas, localmente situadas, historicamente contingentes, socialmente construídas e performatizadas de maneiras que requerem uma cuidadosa pesquisa empírica" (Inhorn, 2012, p. 51).

Como alternativa teórica, Inhorn (2012) elabora a noção de masculinidades emergentes. A noção de emergência é pensada pela autora a partir de um diálogo com Raymond Williams, para quem o termo significa "o que é novo, ao invés de estritamente alternativo ou oposto à cultura dominante" (Inhorn, 2012, p. 59). "Enquanto a hegemonia enfatiza o dominante e ideal, a emergência destaca o novo e transformador" (Inhorn, 2012, p. 60), enfatizando os processos de mudança social que podem acontecer quando a cultura dominante incorpora esses novos elementos. O conceito de masculinidades emergentes ajudaria a apreender as variadas formas de masculinidades que se manifestam no decorrer das histórias de vida, ao longo das gerações e no desenrolar dos diversos processos transformadores que compõem a história social dos homens, sem reduzir as masculinidades a meras tipologias que muitas vezes não encontram lugar quando aplicados a experiências vividas de homens reais.

No entanto, ao afirmar que a teoria da masculinidade hegemônica reduz as masculinidades a meras tipologias, Inhorn (2012) cria outras, ainda que sob um entendimento teórico diferente. Afinal, o novo não surge do nada, mas a partir de determinadas circunstâncias históricas. Assim, desvencilhar-me completamente do ponto de vista que tem como horizonte os modelos hegemônicos de masculinidades descaracterizaria as dinâmicas que presenciei e participei, assim como parte do trabalho de campo por mim realizado, porque, para pensar dinâmicas de gênero, inevitavelmente passamos por questões que envolvem poder[3].

O estudo de Naguib (2015) sobre a relação entre homens e comida é bastante significativo para melhor compreensão do meu argumento. A antropóloga busca se distanciar da noção de poder no desenvolvimento de sua análise e coloca a comida como elemento central para a compreensão do que é ser um "homem de verdade" — ou, nos termos de seus interlocutores, ser um *ibn al-balad*, descrito como

> [...] um homem comprometido com a preservação dos valores egípcios, mas também flexível e adap-

[3] Scott (1995, p. 86) coloca que a noção de poder é central para o entendimento do significado de gênero. Assim, gênero pode ser entendido como um "elemento constitutivo de relações sociais baseadas nas diferenças percebidas entre os sexos e o gênero é uma forma primária de dar significado às relações de poder".

> tável. Ele adora uma boa piada; mais importante, ele sabe rir de si mesmo. Ele está ciente de sua força e masculinidade. **Ele é o homem da casa, com autoridade total e uma expectativa de obediência de sua esposa e família, e ele tem total responsabilidade pelo bem-estar de sua família.** Para um *ibn al-balad*, a comida simboliza sua capacidade de cumprir sua obrigação de mimar sua família. Consequentemente, a masculinidade descrita neste livro é aquela em que as identidades estão ligadas a valores alimentares específicos e padrões de comportamento (Naguib, 2015, p. 33, grifos meus).

Ao colocar a comida no centro de sua análise, deslocando o olhar da perspectiva da opressão de gênero ou da dominação masculina, Naguib (2015) concebe as práticas masculinas como uma maneira de nutrir e de cuidar da família e cultivar suas amizades. A antropóloga pensa os ideais de masculinidade de seus interlocutores a partir dos valores e das tradições em torno da relação entre cuidado e alimentação:

> A comida é um local onde os homens podem ser homens por meio de suas apresentações, ações, papéis e responsabilidades. A compreensão que meus interlocutores têm de si mesmos como autênticos homens egípcios, com base em um consenso compartilhado de valores e normas, pode servir como base para uma compreensão cultural dos homens egípcios. A comida ressoa com atitudes e emoções relacionadas à compreensão dos homens de si mesmos e dos outros e suas interações subjacentes (Naguib, 2015, p. 97)

Certamente existem inúmeros dilemas, preocupações e sofrimentos em torno da esfera do cuidar e do nutrir. No entanto, o foco de Naguib (2015) não é a dominação, mas sim o cuidado em sua relação com a comida. Em tempos precarizados, em que muitas famílias precisam lutar para superar as restrições econômicas, os homens egípcios precisam trabalhar duro a fim de cumprir seus papéis de provedores. Ver suas famílias felizes, bem nutridas, levar os alimentos preferidos das crianças e da esposa, isso tudo gera uma grande satisfação aos homens. A comida, portanto, está no centro dos relacionamentos dos homens e de sua obrigação em ser responsáveis; e o ato de cuidar — de si, da família, dos amigos, da vizinhança — faz parte do processo de construção e reafirmação das reputações dos homens egípcios como *ibn al-balad* (Naguib, 2015).

Ainda que o estudo de Naguib (2015) não tenha como foco a dominação, tampouco relações de poder, um olhar atento é capaz de perceber que a noção de poder perpassa a análise. Ao se preocupar em ser um *ibn al-balad*, sob qual perspectiva for, o homem, de certa forma, está interessado em cuidar de sua imagem perante os outros, mesmo que suas preocupações com a família, amigos e vizinhança sejam genuínas. A própria descrição, por um interlocutor, sobre o que é ser um *ibn al-balad* carrega em si a noção de poder, uma vez que "ele é o homem da casa, com autoridade total e uma expectativa de obediência de sua esposa e família" (Naguib, 2015, p. 97). Percebe-se, portanto, que mesmo em análises que não privilegiam a teoria da masculinidade hegemônica, ou qualquer outra linha teórica que tenha como cerne a noção de poder, esse é um elemento que as perpassa. Isso não significa que os homens serão sempre apresentados sob aspectos negativos ou de forma estigmatizada.

Em caminho semelhante àquele trilhado por Inhorn (2012) e seguido por Naguib (2015), Barbosa (2018) argumenta que pensar masculinidades vinculando-as estritamente aos acessos ao poder levaria ao entendimento de que os homens incapazes de viver de acordo com os ideais hegemônicos inevitavelmente passariam por uma crise em suas masculinidades. O pesquisador enfatiza a importância de apreender os contextos de mudanças históricas para que seja possível realizar análises que evidenciem "a plena historicidade e flexibilidade da masculinidade no tempo" (Barbosa, 2018, p. 28). Ao lançar um olhar para as histórias de vida de duas figuras icônicas na história do campo de refugiados de Shatila, no

Líbano, ele demonstra que os homens existem de diferentes formas e são capazes de se reinventar, sem que isso seja um grande dilema.

De um lado, os *fidā ʾiyyīn*, cujas narrativas giram em torno do nacionalismo territorial, da violência, do militarismo e do heroísmo; do outro, os *shabāb*, geração posterior para quem aqueles ideais já não fazem mais sentido, pois se tornaram cada vez mais impossíveis de se alcançar. De acordo com Barbosa (2018), se pensada em relação aos *fidā ʾiyyīn*, a masculinidade dos *shabāb* estaria à beira da crise. No entanto, esses homens não estão preocupados em performatizar os ideais de outrora: querem apenas constituir família e viver suas vidas, sem se preocupar em ser heróis ou mártires. Não existem, portanto, valores em declínio, mas sim em constante transformação (Barbosa, 2018).

Concordo com Barbosa (2018) quando ele afirma que os homens podem ser pensados para além de suas relações de poder. O estudo de Naguib (2015) anteriormente citado é um exemplo disso, mas aqui, mais uma vez, caímos em novas tipificações. Para esses homens que não se importam com os valores de outrora, o que significa ser homem? Quais seus dilemas? Seus anseios? Suas relações familiares? As respostas a essas e tantas outras perguntas levariam a novos tipos ideais, a novos modelos de masculinidades. Logo, alguns homens seguirem suas vidas sem se importarem se estão de acordo com o que seria um determinado padrão não faz com que esse padrão deixe de existir e que vários outros homens o busquem incessantemente; assim como não impede o surgimento de tantos outros modelos, inclusive a partir desses mesmos homens que só queriam seguir com suas vidas.

Acabamos, assim, retornando a Connell (2005) e à sua afirmação de que homens e mulheres não estão acorrentados a padrões imutáveis. Esse é ponto pacífico entre os autores apresentados até aqui. Se não estão acorrentados, há grande possibilidade de transformações no decorrer da vida, não só dos modelos ideais, mas também dos próprios entendimentos individuais do que é ser um homem. É nesse sentido que Kimmel afirma que as

> [...] masculinidades (1) variam de cultura para cultura, (2) variam em qualquer cultura no transcorrer de um certo período de tempo, (3) variam em qualquer cultura através de um conjunto de outras variáveis, outros lugares potenciais de identidade e (4) variam no decorrer da vida de qualquer homem individual (1998, p. 105).

É justamente a partir dessa noção de pluralidade, que está no cerne do entendimento do conceito de masculinidades, que penso as performances de meus interlocutores, sem me desvencilhar, entretanto, da noção de poder que, como vimos, é central para o entendimento de diferentes relações de gênero, e não seria diferente no que tange às masculinidades.

A partir do entendimento de que as masculinidades são, ao mesmo tempo, instrumentos de poder e produtos do micropoder, e tendo como horizonte que as práticas de gênero são orientadas por determinados padrões culturais, performances aqui são entendidas sob a perspectiva de Goffman (2018). Para compreender a maneira como se dão as interações sociais, o antropólogo faz uma analogia com as performances teatrais. É nesse sentido que surge a noção de representação, que é a maneira como os atores sociais constroem a si mesmos a fim de expressar uma coerência e aderência ao sistema. Isso não significa que os atores sociais estão constantemente dissimulando — embora isso possa ocorrer. A questão central gira em torno justamente das relações entre sociedade e indivíduo, isto é, o papel dos padrões culturais nas interações sociais, assim como a influência recíproca dos indivíduos nas ações uns dos outros.

Cabe relembrar que minha preocupação é lançar um olhar para as performances dos homens voltadas para as construções de reputações masculinas, por isso a perspectiva de Goffman (2018) sobre a representação de si faz todo sentido, já que esses homens, em maior ou menor grau, precisam gerenciar suas performances a fim de se legitimar diante do(s) outro(s) com quem interagem.

1.2 INSERÇÃO NO CAMPO

Mahalla é uma cidade localizada na província de Gharbia, região norte do Egito, a cerca de 130 km do Cairo e com, aproximadamente, 450 mil habitantes. A cidade tem sua economia baseada no algodão e é conhecida como um dos principais polos têxteis do Egito. O bairro no qual a experiência de campo foi levada a cabo, Al-Dakhlia, é conhecido como uma região perigosa. Cabe lembrar que o campo foi posteriormente ampliado devido à etnografia em ambientes virtuais. Mahalla continuou sendo a referência geográfica, porém não mais somente aquele subúrbio específico onde tive uma experiência de campo em 2018, e sim diferentes regiões da cidade.

Em quase todo o Egito, a coleta de lixo é deficitária, mas em Mahalla é inexistente, assim como ocorre em várias localidades do país. Por conta disso, algumas partes da cidade se tornaram depósitos ao céu aberto onde o lixo é queimado, provocando muita fumaça e mau cheiro. Em termos turísticos, não existem atrativos. Por que, então, me interessei em ir para lá naquele momento?

Conforme mencionei, tive a oportunidade de conhecer brasileiros(as) que viviam no Egito na época. Fiquei bastante próxima de Marcela, brasileira casada com um egípcio, Yehia. Eu estava há pouco tempo no Egito — cerca de duas semanas — quando conheci o casal pelo Couchsurfing. Eles me receberam por alguns dias em sua casa no Cairo e me ajudaram com várias informações importantes, para turismo ou para o dia a dia. Eu fazia muitas perguntas sobre os hábitos e costumes locais para o casal que, sabendo que eu estava interessada em conhecer mais a fundo as dinâmicas locais visando futuras possibilidades de pesquisa, me convidou para visitar Mahalla, cidade onde vivia a família de Yehia, a família ElSharb.

Marcela me explicou brevemente como era o estilo de vida por lá e disse que poderia ser um local interessante para pensar questões para minha pesquisa, já que ali eu veria "o Egito real", para usar suas próprias palavras. Confiei e fui. De fato, não é um lugar que eu visitaria se não fossem aquelas circunstâncias, até porque nunca havia ouvido falar daquela cidade. A organização familiar, o tipo de moradia, a maneira de se vestir, as dinâmicas familiares e entre os vizinhos..., tudo chamou minha atenção de modo que pouco conseguia disfarçar meu fascínio pelo diferente.

Passamos o final de semana em Mahalla. Em pouco tempo, a vizinhança já sabia que havia outra brasileira por ali (a primeira, Marcela, já não era mais novidade). Parece que o fascínio pelo diferente foi recíproco: as crianças me rodeavam, e as mulheres tentavam conversar comigo. Os homens, nesse primeiro momento, se mantiveram distantes, porém pude perceber olhares curiosos. De qualquer forma, não consegui conversar com todos que gostaria, principalmente por não falar árabe. No entanto, algumas pessoas conseguiam se comunicar em inglês, e com essas tive maior interação.

Depois dessa primeira visita, estive em Mahalla mais duas vezes, sempre acompanhada por Marcela e Yehia. A partir dessa breve experiência, comecei a avaliar a possibilidade de ficar na cidade por um tempo mais longo. Confesso que não sabia ainda para onde aquela enxurrada de informações me levaria, mas supus que seria bastante proveitoso em termos de futuras pesquisas.

Marcela havia chamado minha atenção para o fato de que, em Mahalla, eu veria o "Egito real". Certamente, o Cairo também é "real", assim como qualquer outra cidade egípcia, cada uma com suas especificidades e sua "realidade". No entanto, suas palavras caminham no sentido de que, em Mahalla, é possível observar uma faceta egípcia mais conservadora em termos religiosos, mais apegada a certas tradições, com dinâmicas sociais que podem soar obsoletas em bairros modernos de uma cidade cosmopolita como o Cairo. O que dirá para uma brasileira nascida e criada na cidade do Rio de Janeiro. Assim, disposta a enfrentar meus próprios juízos de valor — que, de forma presunçosa, acreditava que não os possuía —, e com o intuito de viver aquela experiência a fim de me ajudar a refletir sobre as práticas sociais que se colocavam diante de mim, decidi ficar na cidade por mais tempo.

A família de Yehia tinha um apartamento parcialmente mobiliado onde ninguém morava naquele momento; a pedido do casal, aceitaram alugar o espaço para mim por alguns meses. Apesar de eu ter tentado explicar o porquê de querer ficar mais tempo na cidade, todos estranharam minha decisão, tendo em vista que não havia qualquer atrativo turístico. No entanto, vi ali um local onde poderia desenvolver minha pesquisa.

Em Mahalla, é muito comum um determinado tipo de moradia, as casas de família, que são construções de no máximo seis andares que pertencem a uma única família, sendo que cada núcleo vive em um andar, mas que, ao fim e ao cabo, todos vivem juntos. As portas de cada apartamento que compõem as casas de família não são trancadas, com exceção do portão principal do prédio, e as pessoas que ali vivem circulam livremente. Inclusive, o apartamento onde me hospedei era localizado no último andar da casa de família Elsharb e pertencia a Yehia. Estar ali foi bastante favorável para o estabelecimento de relações, além de ter me possibilitado presenciar muitas dinâmicas privadas familiares.

No primeiro andar da casa da família ElSharb, viviam Mohamed e sua esposa, Fatima. O casal tinha quatro filhos: Sarah, Youssef, Mahmoud e Yehia, que foi quem me levou até lá, com sua esposa brasileira, Marcela. Sarah tinha cerca de 45 anos e vivia no segundo andar com o marido, Abdo, e seus três filhos, Aisha, Ibrahim e Faruk. No terceiro andar, vivia Youssef, homem divorciado na faixa dos 40 anos. Ele tinha uma filha, Hana, que vivia com a mãe em uma rua próxima. No andar acima, era o apartamento de Mahmoud, homem de 34 anos, sem filhos, divorciado duas vezes e na busca incessante por mais um casamento. No último andar, ficava o apartamento de Yehia, que foi onde me hospedei no período que permaneci em Mahalla, uma vez que ele vivia no Cairo com sua esposa, Marcela.

Os membros da família Elsharb foram meus primeiros, e principais, contatos em Mahalla. Ainda que eu não falasse árabe, Mahmoud, que trabalhava na área de turismo, falava fluentemente inglês e me ajudou muito no estabelecimento de relações. Seus três sobrinhos, Aisha, Ibrahim e Faruk, também conseguiam se comunicar bem, principalmente Ibrahim. Eu também conversava bastante com Sarah, irmã de Mahmoud, mesmo que às vezes com alguma dificuldade. Youssef era mais reservado, e as conversas com ele aconteciam em contexto familiar, quando havia outras pessoas reunidas. Abdo, marido de Sarah, não falava comigo. As raras vezes que se dirigiu a mim foi me cumprimentando gestualmente com a cabeça.

A partir da família Elsharb, tive acesso à vizinhança. Mahmoud foi essencial nesse processo, pois sempre fazia a intermediação e tradução para que eu pudesse interagir com as pessoas. A maioria não falava inglês. Como mencionei, o subúrbio de Mahalla é uma região de baixa renda com fama de ser violenta e perigosa, onde ocorreria, inclusive, venda de drogas (não presenciei nenhum episódio que reforçasse tais características). A família ElSharb se destacava na vizinhança: Mohamed, pai de Sarah, Youssef e Mahmoud, tinha uma ótima reputação e era muito respeitado — ele era chamado para intermediar muitos conflitos e o que decidia era a palavra final. A casa de família era a maior e chamava bastante atenção, os dois meninos — Ibrahim e Faruk — estudavam em escolas internacionais bilíngues, as mulheres usavam joias e se vestiam bem. Havia um certo contraste em relação aos demais moradores do bairro.

Mahmoud disse que a casa de sua família foi uma das primeiras a ser construída naquelas redondezas, em uma época em que a região não era considerada perigosa. Quando Mahmoud tinha 6 anos, seu pai foi para a Arábia Saudita trabalhar com o objetivo de juntar algum dinheiro e melhorar a qualidade de vida de sua família. A ida de homens egípcios para países do Golfo, como mão de obra, é muito comum, fato que provocou em mim grande estranhamento. Mais uma vez, ideias pré-concebidas influenciaram minha forma de perceber aquela sociedade, pois eu jamais imaginava que aqueles homens deixariam para trás esposas e filhos, mesmo que temporariamente. No meu primeiro entendimento, baseado em nenhuma evidência empírica e permeada por noções orientalistas do senso comum, o homem não abriria mão de estar perto de sua esposa, pois perderia o controle sobre ela. Contudo, essa ida dos homens a países do Golfo envolve elementos que têm relação com seus próprios entendimentos sobre o que é ser um "homem de verdade" e que extrapolam a mera esfera do poder, como a noção de cuidado, que não necessariamente demanda presença física, mas implica questões financeiras que, por sua vez, levam esses homens a buscarem melhores salários fora do país.

Mohamed ficou fora do Egito por cerca de quatro anos. Voltou somente quando os três primeiros andares da casa de sua família estavam prontos e com dinheiro suficiente para abrir uma pequena fábrica de roupas. Ao retornar, mudou-se com sua esposa e seus filhos para a nova moradia, que, aos poucos, foi sendo aumentada. Com o passar do tempo, a região começou a ser ocupada de forma desordenada, até que, em meados dos anos 1990, se transformou em uma região considerada perigosa. A família Elsharb, justamente por ter sido uma das primeiras a se estabelecer ali, é muito respeitada por todos, e minha ligação com ela favoreceu o desenvolvimento da pesquisa.

Reconheço que, se eu dominasse o árabe, certamente apreenderia de forma mais profunda a cultura e o sistema social, tendo em vista que, conforme ressaltou Evans-Pritchard (1972), esses se refletem na linguagem. Fazer as reflexões a partir dos símbolos nativos, sem dúvidas, levaria a uma melhor compreensão do pensamento do grupo, além, é claro, de eu poder me comunicar de forma mais espontânea, sem intermediações.

Por um lado, a limitação linguística restringiu minhas relações; por outro, foi fator essencial para que eu pudesse estreitar laços com as pessoas com quem conseguia me comunicar. Essas, ao saberem que eram as únicas com quem eu poderia conversar de forma mais fluida, sempre que podiam, me ajudavam a compreender o que acontecia ao redor, tiravam minhas dúvidas sobre os costumes locais e se dispunham a intermediar conversas com aquele(as) que não sabiam inglês. Por meio dessas pessoas, entre as quais destaco Mahmoud, tomei conhecimento de diferentes histórias de vida, situações e dinâmicas durante o tempo que fiquei em Mahalla. Depois, virtualmente, continuaram me deixando ciente dos mais variados acontecimentos. Enquanto estava lá, me ajudavam também em situações cotidianas, como traduzir de forma resumida programas de televisão, letras de músicas e notícias, comprar passagens de ônibus, fazer pedidos em lanchonetes etc. No trabalho de campo na internet, me auxiliaram bastante com tradução de postagens em árabe nas redes sociais, por exemplo.

Evans-Pritchard (2005) enfatizou que é preciso trabalhar arduamente no aprendizado da língua, a fim de dominá-la. Quando estive no Egito, tentei estudar por conta própria, mas foi um processo complicado para alguém que nunca havia tido contato com o idioma para fins de aprendizagem. Ao tomar conhecimento dos meus interesses em aprender árabe, Fátima, esposa de Mohamed, pediu que uma de suas sobrinhas, que vivia em outra casa, me ensinasse. No entanto, não foi possível avançar muito: as aulas se resumiam a leituras do Alcorão, e não era o meu interesse. Desvencilhar-me dessa situação foi um pouco embaraçoso, pois era nítido que ela estava feliz em me ajudar, e eu não queria gerar algum mal-entendido e acabar a magoando de alguma forma. No final das contas, consegui aprender os diferentes fonemas e pronúncias, o que acabou sendo útil quando retomei os estudos no Brasil. Minha intenção era dar continuidade ao estudo de árabe quando voltasse ao Egito para realização do trabalho de campo, dessa vez com um profissional de fato habilitado para tal. Certamente, com a imersão em um ambiente em que todos falam o idioma e com dedicação árdua, conforme recomendou Evans-Pritchard (2005), meus conhecimentos seriam aprimorados.

Em casos em que há diferenças culturais significativas entre pesquisador e grupo estudado, as pessoas podem estranhar o fato de alguém tão diferente querer se associar a elas a ponto de se interessar em aprender sua língua, mas acabam também se divertindo. Por isso, geralmente existirão pessoas dispostas a ajudar, como aconteceu. Essa disposição em ajudar na aprendizagem do idioma, segundo Evans-Pritchard (2005, p. 254) "significa que você é aluno deles, uma criança que deve ser educada e orientada", o que também colabora com o estreitamento das relações. Entretanto, prezando pela sinceridade metodológica sobre a qual Malinowski (1978) chamou atenção, se faz necessário reconhecer que não tenho o conhecimento adequado do idioma árabe.

Conforme mencionado, a análise foi realizada também a partir da etnografia em ambientes virtuais, o que trouxe maior complexidade para o desenvolvimento da pesquisa, tendo em vista que todo o planejamento anterior não contemplava a internet, ainda que ela estivesse presente desde o início da minha inserção no campo. Cabe lembrar que conheci Yehia e Marcela por meio do Couchsurfing, mas não havia um olhar teórico e metodológico sobre os usos dos ambientes virtuais. De qualquer forma, a inserção nesse campo ocorreu sem grandes dificuldades, na medida em que mantive contato virtual com a maioria dos meus interlocutores depois que retornei ao Brasil. Faltava, entretanto, iniciar de fato o trabalho de campo, ampliar minha rede de contatos, traçar uma estratégia de pesquisa, sistematizar as informações.

A rede de contatos foi ampliada com a ajuda dos meus interlocutores iniciais, principalmente Mahmoud. Dispostos a ajudar na pesquisa, uns foram passando o contato de outros, até que me vi diante de um universo de pesquisa maior do que imaginava, o que foi, no início, um grande desafio. Como definir os limites de uma pesquisa na internet que, por sua vez, tende a nos levar cada vez mais longe, quebrando justamente essas mesmas fronteiras que eu queria demarcar?

Minha estratégia foi delimitar meus interlocutores em aqueles que tinham fortes ligações com Mahalla, o que significa ter vivido pelo menos a infância e adolescência na cidade e ter memórias afetivas em relação a ela. Outro critério relevante, levando em consideração aqueles que não viviam mais em Mahalla, era ter parentes próximos que moravam lá, por isso iam sempre que podiam à cidade para visitá-los, especialmente em datas festivas. A partir do recorte realizado para tornar a pesquisa viável, todos os homens interlocutores da pesquisa são muçulmanos e nascidos em Mahalla, mas alguns já não viviam mais na cidade. As mulheres interlocutoras foram definidas de acordo com a relação com os homens escolhidos, por isso nem todas eram nascidas em Mahalla, nem muçulmanas. Cabe salientar que optei por utilizar pseudônimos a fim de preservar suas identidades e para diferenciar os interlocutores com mais facilidade, tendo em vista que muitos, inclusive na mesma família, possuíam os mesmos nomes.

1.3 ESTRATÉGIAS DE PESQUISA

De acordo com o que havia sido planejado, eu retornaria ao Egito, em abril de 2020, para realização do trabalho de campo em Mahalla. No entanto, os planos de viagem foram completamente frustrados por conta da pandemia de Covid-19.

A pandemia transformou a rotina de milhares de pessoas ao redor do mundo. A fim de frear a propagação do vírus, restrições das mais diversas ordens foram impostas no Brasil e no mundo, de acordo com o estabelecido pelos governantes de cada localidade. De forma geral, o que acabou sendo deliberado (mas nem sempre cumprido pela população) foi a quarentena, isto é, as pessoas que pudessem deveriam ficar em casa, saindo somente para necessidades essenciais, como supermercado e farmácia. Outra decisão tomada, que mudou a dinâmica da circulação de pessoas por todo o planeta, foi o fechamento das fronteiras aéreas entre países e até mesmo entre regiões de um mesmo país ou, ao menos, significativa diminuição na quantidade de voos.

Diante dessa nova realidade, o que eu havia pensado para o trabalho de campo não era mais executável. Qualquer atividade não essencial que tivesse a necessidade do contato direto com pessoas não seria possível nessa conjuntura, tendo em vista que o distanciamento social foi a principal recomendação para que a

Covid-19 não se alastrasse ainda mais. Diferentes setores profissionais precisaram repensar seus processos, suas metodologias, ferramentas e até mesmo objetivos. Com a Antropologia não foi diferente. No meu caso específico, como eu levaria adiante a pesquisa se viajar era inviável? Foi preciso me reinventar.

Assim como aconteceu em diversas áreas durante a pandemia, a internet se tornou uma grande aliada no fazer antropológico. A etnografia em ambientes virtuais não é novidade na Antropologia, no entanto nunca tal metodologia de trabalho ficara tão em voga; a internet se tornou uma ferramenta fundamental no processo de reelaboração de diferentes práticas, sejam elas cotidianas, profissionais, educacionais etc.

No que tange à pesquisa aqui apresentada, também precisei fazer algumas reformulações. Meu foco continuou em torno das performances masculinas em Al-Mahalla Al-Kubra. A diferença é que, com a impossibilidade do retorno ao Egito, as análises foram desenvolvidas tendo como base a experiência de campo realizada entre março e setembro de 2018 em Mahalla, mas não só isso. A pesquisa também contou com análises do material construído a partir do trabalho de campo em ambientes virtuais, realizado entre maio de 2020 e junho de 2021, com foco em conversas por aplicativos de mensagens (WhatsApp e Messenger) e interações no Facebook.

A experiência e o trabalho de campo se fundamentaram na observação participante em Al-Mahalla Al-Kubra, no Egito, presencial e virtualmente. A observação participante tem como premissa básica o "estar lá" e se configura como um estudo intensivo dos grupos nos quais se deseja desenvolver a pesquisa. Weber (2009) chama atenção para o fato de que o antropólogo precisa ir além da observação e do "estar com", sendo imprescindível a reflexão sobre os impactos de sua presença em campo. Segundo Berreman (1990), o pesquisador em campo é um observador que também é observado. Justamente por isso, uma posição na estrutura social lhe será atribuída, seja por seus próprios atributos, seja por conta das pessoas a quem o pesquisador se associa. O antropólogo acaba impactando as dinâmicas sociais, e esse é um dado que não pode ser negligenciado. Assim, refletir sobre o lugar do antropólogo em campo é importante para que seja possível compreender os significados das ações e dos discursos nativos.

Ainda que eu fosse uma mulher estrangeira, não muçulmana, solteira e viajando sozinha, não tive grandes dificuldades de ser aceita na família e na vizinhança. Tais características foram, inclusive, importantes para o estabelecimento de relações, uma vez que as pessoas tinham curiosidade em me conhecer. O fato de eu ter sido inserida no contexto familiar por Yehia e Marcela foi essencial para essa fácil aceitação.

É relevante, portanto, pensar sobre as relações estabelecidas e como isso influenciou a fácil aceitação naquele contexto familiar e na vizinhança. Mais do que isso: como a minha ligação com a família ElSharb, que era bastante respeitada no bairro, afetou diretamente o estabelecimento das demais relações, como as pessoas me viam e que tipo de informações eu tinha acesso. Isso ficou mais claro para mim na etnografia virtual, quando comecei a ter acesso a outros tipos de informações. Com a distância física e a ampliação da rede de contatos, eu não era mais vista como estando ligada à família ElSharb; era uma "mulher brasileira que queria falar com homens, sobre homens", tal como Mahmoud me falou certa vez quando conversávamos sobre o fato de alguns homens terem passado a tentar flertar comigo, sendo que antes, pessoalmente, me tratavam com respeito e até certo distanciamento. Ainda que eu sempre deixasse claros meus interesses de pesquisa, percebia mudanças de comportamento e de temas.

A maneira como sou lida pelo grupo no qual a pesquisa foi realizada é um ponto central no desenvolvimento do trabalho de campo. Não basta ter consciência da minha identidade individual e pessoal, é preciso ir além da autopercepção. A partir do momento em que há o entendimento de que, em campo, é necessário buscar me conhecer a partir do olhar do outro, torna-se possível a elaboração de estratégias metodológicas que me coloquem em uma posição que favoreça os objetivos da pesquisa. Ao perceber as posições que me foram dadas — primeiro ligada à família ElSharb que, por sua vez, possuía certa *somaa*[4] (reputação) na região; depois como uma mulher ocidental interessada em falar com homens —, atentei para a diversidade de informações recebidas, compreendendo a relação entre estas e minha posição em campo.

Durante o tempo em que estive no Egito, em 2018, rapidamente percebi o quanto que a família ElSharb se destacava na vizinhança, não só em termos materiais, mas também em termos simbólicos, no sentido de serem todos da família muito respeitados. Por isso, busquei ao máximo respeitar as práticas locais, me comportando de acordo com as regras sociais estabelecidas em todos os aspectos possíveis.

No início, em uma certa fetichização do exótico, a experiência foi interessante. Mesmo aspectos que posteriormente viriam incomodar, eu os vivenciava com ânimo, curiosidade e até um pouco de ansiedade pela próxima aventura. Afinal, tudo viraria boas histórias para contar e, mais do que isso, se tornaria dados para a pesquisa. Todavia, depois de algumas semanas tentando me adequar às expectativas locais, e com o constante medo de cometer alguma gafe cultural, comecei a me sentir angustiada e desconfortável, uma vez que buscava anular minha própria identidade para me adequar às circunstâncias e ser aceita. Em ocasiões festivas ou quando a família recebia visitas — o que era recorrente —, eu me sentia ainda mais inadequada, com receio de fazer algo errado, passar uma má impressão para as visitas e, com isso, prejudicar a imagem da família de alguma forma.

Um dia, Ibrahim, filho de Sarah, disse: "*você chegou aqui como uma brasileira, agora você está uma egípcia*". Essa frase, dita inocen-

[4] Por não saber árabe, precisei recorrer aos meus interlocutores para tomar conhecimento sobre alguns termos recorrentes e relevantes para a pesquisa, o que foi feito durante o trabalho de campo em ambientes virtuais. Assim, as palavras em árabe que aparecerão no decorrer do livro foram aqui inseridas exatamente de acordo com a grafia utilizada por meus interlocutores. Por isso, nem sempre seguem as normas cultas, podendo haver abreviações, gírias ou simplesmente refletir a despreocupação com as regras gramaticais típica das redes sociais.

temente, foi recebida por mim de forma desconcertante. Eu, que já me sentia incomodada com algumas restrições que eu mesma havia me colocado, a partir daquele momento, comecei a repensar a forma como estava vivendo aquela experiência, isto é, suprimindo ao máximo as características que remetessem à minha identidade e personalidade, acreditando que, dessa forma, estaria respeitando a família que me recebia. Acreditava viver um dilema ético.

Ao ouvir que eu havia me transformado em egípcia, imediatamente respondi: "*não, eu sou brasileira!*". Nesse momento, poderia ter colocado meu campo a perder, devido à ênfase e à entonação na minha resposta. No entanto, já estava me sentindo desconfortável há algum tempo, mas não sabia como poderia marcar minha identidade como uma mulher brasileira, com meus próprios costumes, hábitos e individualidade, sem agir de forma inadequada. Então, a partir desse dia, comecei a mudar alguns comportamentos diante do contexto no qual estava inserida.

Quando iniciei o trabalho de campo em ambientes virtuais, acreditava que esse contraste cultural seria minimizado pelo fato de não estar fisicamente junto aos meus interlocutores, mas, à medida em que a inserção no campo virtual se tornou mais organizada e sistemática, e que as relações com meus interlocutores se tornaram mais aprofundadas, percebi que estava equivocada.

De qualquer forma, o contraste cultural foi extremamente frutífero para o desenvolvimento da pesquisa, seja no campo presencial ou no virtual. Tornar minha cultura visível, por meio do estabelecimento das diferenças, fez com que mais pessoas tivessem o interesse em interagir comigo. Com isso, pude ampliar minha rede de contatos.

Dessa forma, busquei realizar o trabalho de campo, presencial ou em ambientes virtuais, de maneira a não omitir completamente minhas opiniões, crenças e hábitos, obviamente sem desrespeitar a cultura local. Até porque "é ingênuo sugerir que virar nativo é a única maneira de alguém 'aprender' efetivamente outra cultura, pois isso exigiria abrir mão de sua própria" (Wagner, 2010, p.

37). Agir dessa forma foi interessante para o desenvolvimento da pesquisa, tendo em vista que "é no encontro incômodo de subjetividades variantes [...] que o antropólogo define seu lugar" (Geertz, 1999, p. 13).

> São as assimetrias [...] entre o que nós acreditamos ou sentimos e o que os outros creem e sentem, que torna possível localizar aonde nós estamos agora no mundo, qual é a sensação de aí estar, e onde podemos querer ou não querer ir. Obscurecer essas diferenças e essas assimetrias relegando-as ao campo das diferenças reprimíveis ou ignoráveis, mera dessemelhança [...], significa nos isolar de tal conhecimento e tal possibilidade: a possibilidade de mudar, no mais amplo e literal dos sentidos, nossa mentalidade (Geertz, 1999, p. 23-24).

Ou seja, para conhecer um nativo, não é preciso se tornar um, diferentemente do que acreditou Franz Boas ao escrever em seu diário: "Sou agora um verdadeiro esquimó. Vivo com eles, caço com eles e faço parte dos homens de Anarnitung" (Castro, 2005, p. 9). Seguindo essa linha de raciocínio, Geertz (2008) defende que os antropólogos não devem buscar se tornar nativos, tampouco copiá-los: "o que procuramos, no sentido mais amplo do termo [...], é conversar com eles, o que é muito mais difícil" (Geertz, 2008, p. 10).

É complexo porque, ao mesmo tempo em que a subjetividade do antropólogo não tem como ser anulada, mas sim ser objeto de reflexão, é preciso traçar estratégias a fim de controlar as impressões e ser aceito no grupo. Fui ajustando minha forma de agir até encontrar um caminho que não fosse desconfortável para mim e que fosse produtivo para a pesquisa que estava em andamento.

Mahmoud foi essencial nesse processo. Não só por ser meu principal interlocutor, mas por participar ativamente da pesquisa, chamando minha atenção para pontos que ele via como relevantes em sua própria cultura, bem como por me orientar sobre qual seria o caminho a seguir para alcançar meus objetivos sem que fosse muito desgastante para mim. Ele, por já ter sido casado com mulheres ocidentais (seu primeiro casamento foi com uma eslovena e o segundo com uma britânica) e por trabalhar com turismo, lidando com pessoas dos mais variados cantos do mundo, parecia compreender meus dilemas (ainda que possuísse os seus em torno das diferenças culturais).

Entendo quando Geertz (2008) afirma que conversar com nossos interlocutores é difícil, pois não é uma simples conversa. Como o antropólogo afirmou em outra ocasião, o importante "é descobrir que diabos eles acham que estão fazendo" (Geertz, 2018, p. 62). Para tanto, devemos buscar pelas "formas simbólicas – palavras, imagens, instituições, comportamentos –" (Geertz, 2018, p. 63) mobilizadas pelos nativos para, depois, analisá-las. Com isso, torna-se "possível relatar subjetividades alheias sem recorrer a pretensas capacidades extraordinárias para obliterar o próprio ego e para entender os sentimentos de outros seres humanos" (Geertz, 2018, p. 74).

A busca pelas formas simbólicas dos nativos foi realizada a partir do que Geertz, em diálogo com Gilbert Ryle, chamou de "descrição densa" (Geertz, 2008, p. 7), um esforço intelectual que define a própria etnografia. Ao realizar essa descrição pormenorizada, o antropólogo estará apto a diferenciar as piscadelas, para usar o exemplo apresentado por Geertz (2008). A contração das pálpebras, caracterizada por um movimento específico, pode remeter a diferentes significados: tique nervoso, sinal conspiratório, imitação etc. Conseguir apreender tais significados é o que constitui o objeto da etnografia: "uma hierarquia estratificada de estruturas significantes em termos das quais os tiques nervosos, as piscadelas, as falsas piscadelas, as imitações [...] são produzidos, percebidos e interpretados" (Geertz, 2008, p. 5). Ao presenciarmos uma "piscadela", devemos nos atentar à sua importância, seu significado, à mensagem que está sendo transmitida, às implicações disso, e não ao seu status ontológico; e buscar simplesmente ser como os nativos, imitando-os e suprimindo o próprio eu, provavelmente não ajuda muito nessa empreitada.

A construção do caderno de campo foi pensada tendo esse entendimento como horizonte, o que significa afirmar que, desde a pesquisa, busquei fazer o máximo de anotações possíveis, inclusive gravações de áudio quando julguei necessário, certamente com consentimento.

Uma das minhas grandes inquietações era se de fato eu conseguiria informações relevantes para o desenvolvimento da pesquisa, já que sou uma mulher pesquisando homens. O senso comum costuma pensar nos países de maioria muçulmana como havendo uma separação implacável entre homens e mulheres. Certamente não tive acesso a todos os homens que gostaria — talvez se tivesse tido mais tempo conseguiria acessá-los. Fato é que percebi que essa era uma questão que dizia mais sobre mim do que sobre eles, no sentido de trazer à tona minhas próprias noções pré-concebidas sobre a convivência entre os gêneros no Egito e nos países do Oriente Médio de forma geral.

Dumovich (2016), em seu livro no qual analisou o processo de conversão ao Islã de mulheres da comunidade muçulmana sunita do Rio de Janeiro, representada pela Mesquita da Luz, abordou a questão da barreira de gênero e algumas situações vividas por ela dentro e fora da Mesquita no que tange ao seu contato com alguns homens. Porém, a antropóloga ressaltou que esses eram acessíveis e se colocaram disponíveis. Inclusive, ela afirma que pôde desenvolver uma relação mais espontânea e agradável com homens do que com mulheres em determinados contextos (Dumovich, 2016). Ela salienta, ainda, que "as relações de gênero entre homens e mulheres da Mesquita da Luz são muito menos marcadas pela segregação do que pretendem os discursos sobre as normas de conduta islâmica que circulam na comunidade" (Dumovich, 2016, p. 80).

A despeito da pesquisa citada ter sido realizada no Brasil, enquanto a minha tem como foco o Egito, a experiência de

Dumovich (2016) ajuda-nos a refletir sobre uma suposta segregação de gênero implacável que o senso comum acredita existir nas comunidades muçulmanas, e que, de alguma maneira, influenciava meus pensamentos antes de ter a oportunidade de vivenciar na prática. O trabalho de campo realizado para este estudo evidenciou que, mesmo em regiões consideradas mais conservadoras, como é o caso de Mahalla, não há essa segregação absoluta, embora existam algumas restrições impostas por normas sociais, pela religião ou pelo costume local. Restrições essas que podem variar de acordo com o que a família estabelece.

No entanto, existem algumas questões que merecem atenção. Machado (2006, p. 114), em sua pesquisa que "teve como objeto de investigação as representações e práticas sociais de homens pertencentes a segmentos populares [...] no que concerne às decisões por métodos de prevenção", afirma que ser uma mulher pesquisando sobre homens e masculinidades foi um aspecto que não passou despercebido durante o trabalho de campo. O processo de negociação de contato com os informantes foi todo permeado pelo estranhamento com o fato dela "ser uma mulher estudando homens" (Machado, 2006, p. 118).

> A diferença de sexo colocou certas questões. Não foram raras as negativas, os acessos barrados e os códigos não compartilhados comigo. Com muita clareza, os informantes mostravam que a presença de uma mulher entre homens devia ser cuidadosamente avaliada e estava longe de representar relações tranquilas. Esse estranhamento despontou como elemento fundamental na pesquisa e situava a mim, pesquisadora mulher, no trabalho de campo (Machado, 2006, p. 119).

Uma situação bastante simbólica aconteceu em maio de 2018, quando ocorreu o jogo entre Real Madrid e Liverpool pela final da Champions League. Mohamed Salah, ídolo egípcio, era jogador do Liverpool, por isso o país estava em polvorosa. Eu, que adoro futebol, queria muito assistir a essa final, no entanto não tínhamos disponível em casa o canal no qual o jogo seria transmitido. A solução era assistir em um café, que em Mahalla não era frequentado por mulheres em nenhuma hipótese. Insisti muito para que me levassem (àquela altura meu interesse já havia se tornado mais antropológico do que pelo jogo em si), mas não obtive sucesso: meu acesso aos cafés, espaços de homossociabilidade masculina por excelência em Mahalla, foi deliberadamente negado.

Machado (2006) ressalta que houve também vantagens provenientes de sua posição de mulher estudando homens, tendo em vista que "eles situavam, a todo momento, [...] características da relação homem/mulher e reproduziam [...], em parte, aspectos da construção da identidade masculina indicada no encontro com uma mulher" (p. 118), o que também aconteceu comigo e de uma forma muito específica, no sentido que ressaltava não só minha identidade como mulher, mas também como brasileira e não muçulmana. Isso reforça o argumento anterior sobre como minha subjetividade em campo e a forma como sou percebida impacta a dinâmica da pesquisa.

1.3.1 Etnografia em ambientes virtuais

Segundo Leitão e Gomes (2011, p. 26), nas etnografias em ambientes virtuais,

"[...] a presença humana não é mais direta, mas materializada ou visível apenas por outras formas, e completamente fundida a outras formas de presença igualmente postas em evidência: máquinas, objetos técnicos e tecnologia".

Isso significa afirmar que o entendimento do que é "estar lá" é ressignificado. Em diálogo com Guimarães Jr., as autoras apresentam o conceito de ambientes, que "correspondem aos espaços simbólicos engendrados pelos grupos, dentro dos quais transcorrem as práticas societárias, podendo ser constituídos por mais de uma plataforma" (Guimaraes Jr., 1999, p. 11 *apud* Leitão; Gomes, 2011, p. 27). Plataforma é aqui entendida como as configurações técnicas que dão suporte à sociabilidade online, como, por exemplo, as diversas redes sociais existentes (Facebook, Twitter, Pinterest etc.), sites/aplicativos de relacionamento e jogos online, sendo esse o caso da pesquisa realizada pelas antropólogas citadas. Esses são apenas alguns exemplos, pois as possibilidades disponibilizadas pela Internet são inúmeras.

Percebe-se, assim, que o "estar lá" não é negligenciado nas etnografias virtuais, tendo em vista que, como vimos, o ambiente virtual é também considerado um espaço de sociabilidade relevante para análises antropológicas, já que "um ambiente se define como tal por estar associado à própria ideia de vida" (Leitão; Gomes, 2017, p. 42). Se o antropólogo pode "estar lá" nos ambientes virtuais, pesquisas dessa natureza também podem ser realizadas a partir do pressuposto metodológico da observação participante. De acordo com Boellstorff (2012), a observação participante, na antropologia virtual, não é somente possível, mas também seu método central.

De acordo com Leitão e Gomes (2017, p. 48), "a observação participante tem sido privilegiada na maioria dos trabalhos sobre mídias digitais, em detrimento de uma observação distanciada e anônima". Porém, em se tratando de ambientes virtuais, o que é, afinal, participar? No caso do Facebook, que me interessa em especial, a própria plataforma oferece algumas ferramentas, como o curtir, comentar e compartilhar (Leitão; Gomes, 2017).

No que se refere ao uso de aplicativos de mensagens, como WhatsApp e Messenger, que foram os que utilizei para realizar a pesquisa, Leitão e Gomes (2017) afirmam que existem algumas questões metodológicas relevantes a serem consideradas:

> As conversas nesse aplicativo móvel, acessado desde o celular, são muito mais imediatas do que aquelas empreendidas numa troca de e-mails, cujo tempo de resposta pode variar de acordo com a disponibilidade tanto dos interlocutores quando do

> pesquisador. A conectividade perpétua, refletindo o modo de se vivenciar as plataformas digitais contemporaneamente, impõe uma novidade a esse tipo de etnografia, no que se está, de certo modo, potencialmente à disposição do trabalho de campo de modo contínuo e permanente, a qualquer horário do dia e da noite (Leitão; Gomes, 2017, p. 57).

No caso desta pesquisa, cabe salientar que existia um fuso horário de 5 horas a mais no Egito, o que fez com que eu recebesse mensagens em qualquer horário do dia, da noite e da madrugada. Uma enxurrada de informações chegando de diferentes pessoas, muitas vezes ao mesmo tempo.

Senti alguma dificuldade em sistematizar tais informações e fazer com que as interações pelos aplicativos de mensagens não permanecessem com status de meras conversas, mas sim como material de pesquisa. Ao definir uma rotina para a escrita do caderno de campo e organização dos dados, as informações começaram a ficar mais acessíveis e inteligíveis.

Não recorri, em momento algum, a entrevistas estruturadas, ainda que houvesse pensado na possibilidade inicialmente. As interações espontâneas ocorridas no campo virtual forneceram tantos dados que não senti a necessidade de recorrer a métodos de elicitação. Busquei, a todo o tempo, não reduzir o trabalho de campo à experiência de estar online, tal como chama atenção Miller e Slater (2004).

Miller aborda sobre a importância de atentarmos para o contexto offline na realização de pesquisas em ambientes virtuais. Contudo, também ressalta que Slater, em sua pesquisa realizada exclusivamente online, a contextualização foi realizada a partir da relação dos fenômenos observados com contextos mais amplos. Ao afirmar que é preciso "colocar as coisas no contexto" (Mille; Slater, 2004, p. 46), o ponto central da argumentação não gira em torno da obrigatoriedade de realizar etnografia face a face, tampouco focar na dicotomia entre online e offline, mas sim o fato de que pesquisas no mundo virtual não implicam necessariamente "que contextos mais amplos se tornem invisíveis ao pesquisador" (Miller; Slater, 2004, p. 44). No caso deste estudo, não fiz diferenciação entre os mundos online e offline.

Hine (2015), ao refletir sobre como as atividades online produzem sentido, apresenta uma abordagem metodológica segundo a qual a internet deve ser entendida como um fenômeno permeado, incorporado e cotidiano (*embedded, embodied, everyday* – E[3]). A internet, enquanto um fenômeno permeado, remete justamente à contextualização, às conexões entre online e offline. Enquanto um fenômeno incorporado, a internet remete à reflexividade, isto é, ao ato de nos situarmos na pesquisa, nas relações estabelecidas com os interlocutores, assim como nossa própria relação com a internet e as experiências que ela nos proporciona, seja no âmbito da pesquisa ou fora dela. Leitão e Gomes (2017, p.63) têm um entendimento semelhante no que concerne à reflexividade. Para as autoras,

> [...] é preciso ir além do simples registro do conteúdo daquilo que vemos nesses ambientes online, ou do que é narrado por nossos interlocutores de pesquisa, observando igualmente o uso que nós mesmos estamos fazendo das plataformas, numa postura reflexiva que incorpora as vivências – emocionais, subjetivas e mesmo corporificadas – do próprio pesquisador nas e com as plataformas, além das observações entre os interlocutores. Daí a importância do diário de campo na etnografia em ambientes digitais, do registro de impressões, sensações e experiências que não podem ser plenamente acessadas apenas através de recursos como *printscreen*, ou do copiar e colar, ou seja, do congelamento do fluxo discursivo e imagético.

A internet como fenômeno cotidiano se refere ao fato de que, geralmente, a naturalizamos como estruturas não percebidas, pois, tal como Horst e Miller (2012) chamaram atenção, a tecnologia digital geralmente se torna evidente somente quando falha, como aconteceu um dia em que Mahmoud estava fazendo uma chamada de vídeo para que eu pudesse acompanhar uma festa de casamento, mas minha internet caiu e demorou bastante para voltar. É relevante, portanto, perceber a materialidade da internet, suas ferramentas e infraestruturas, refletindo criticamente sobre seus usos e funções. Nesse sentido, busquei escrever meu caderno de campo levando a cabo a noção geertziana de descrição densa, pensando-a para o campo virtual a partir recomendação de Leitão e Gomes (2017), no que tange ao registro de impressões, sensações e experiências, e de Horst e Miller (2012), em relação à materialidade da internet.

Ainda que as formulações de Hine (2015) ajudem a pensar sobre etnografia em ambientes virtuais, seu entendimento caminha no sentido de uma separação entre as atividades na internet e a vida offline. Aqui, ao contrário, sigo o entendimento de Latour (2012), que, em sua Teoria do Ator-Rede (TAR), entende as coisas para além de simples ferramentas utilizadas pelas pessoas, dotando-as de agência, no sentido de terem a capacidade de modificarem uma condição/situação. O antropólogo francês, ao romper com a dualidade entre sujeito e objeto, rompe também com a oposição entre online e offline. Foi considerando o trabalho de campo presencial e o realizado em ambientes virtuais como um único campo híbrido que a dissertação foi desenvolvida, ainda que, para fins metodológicos, algumas análises sejam apresentadas de forma separada.

A TAR, à medida em que rompe com as dicotomias entre humanos e não humanos, conferindo agência a estes, torna necessária a descrição de seu papel nas ações analisadas, a fim de apreender os diferentes actantes[5] que participam dos eventos. O WhatsApp, por exemplo, com sua instantaneidade, me colocou em campo em diversos momentos nos quais eu acreditava que faria outras atividades sem relação alguma com a pesquisa, mudando o curso

[5] Latour (2012) utiliza actante, termo emprestado da Semiótica, para incluir não humanos como agentes dos eventos.

do meu planejamento, das minhas ações e, até mesmo, de minhas emoções. O mesmo pode ser dito sobre o Facebook, na medida em que diversos actantes não humanos — a começar pela própria plataforma e suas ferramentas, além de fotos, vídeos e dados compartilhados ali — têm potencial para modificar o estado das coisas. Colocar-me em campo é o exemplo mais simples que eu poderia dar. Para além disso, os actantes não humanos podem encorajar, sugerir, influenciar, suscitar sentimentos, promover ações (Latour, 2012). É nesse sentido que Latour (1994) defende o princípio da simetria entre humanos e não humanos, visto que ambos atuam na dinâmica social.

Além dos desafios até o momento apresentados para o desenvolvimento do trabalho de campo em ambientes virtuais, outros também se colocaram, a começar pelo próprio objeto de pesquisa. Como pensar as práticas masculinas a partir de uma etnografia online?

Confesso que no início me senti bastante insegura e tive receio de não ser possível levar a pesquisa adiante. No entanto, em maio de 2020, ao iniciar o trabalho de campo virtual de forma sistematizada, com regularidade, com escrita de caderno de campo e busca de aprofundamento das relações, percebi que não só era possível, como também o material construído foi bastante rico no que tange às informações que face a face talvez não teria acesso. Percebi, por exemplo, que meus interlocutores se sentiam mais à vontade para conversar sobre questões mais pessoais e íntimas, e isso tem ligação direta com minha nova posição em campo. Surgiram temas sensíveis, como casamento, amor, sexualidade, filhos, sonhos, inseguranças, perspectivas de futuro, que, pessoalmente, poucos homens estavam dispostos a conversar comigo, uma vez que eu estava vinculada à família ElSharb. Por isso, mantinham certo distanciamento.

2

ESPAÇOS, AUDIÊNCIAS E MASCULINIDADES

O presente capítulo tem como objetivo apresentar como se configuram as dinâmicas interacionais nas quais os homens performatizam suas masculinidades, isto é, como os espaços e as audiências afetavam o universo interacional e performático.

Ao abordar a problemática dos espaços em estudos de gênero, a dicotomia entre público e privado é uma questão que muitas vezes vem à tona, especialmente quando se refere a sociedades médio-orientais. Ghannam (2002) aborda essa oposição, afirmando que diversas análises que tratam sobre gênero no Oriente Médio trabalham com uma separação rígida desses espaços, vinculando as mulheres à esfera privada, enquanto os homens, à pública. A antropóloga chama atenção para o fato de que, nesses estudos, "os significados de público e privado repousam em noções preconceituosas de gênero, e o entendimento acerca da dimensão do público, em particular, foi conceituado de um ponto de vista masculino" (Ghannam, 2002, p. 91). Ela critica essa dicotomia que separa rigidamente o mundo em duas partes e afirma que é preciso problematizar as definições sobre o que é privado e público, além de pensar sobre como esses entendimentos se transformam no decorrer do tempo.

No que se refere aos homens e às mulheres de al-Zawiya, região do Cairo onde Ghannam (2002) realizou seu trabalho de campo, o corpo é o espaço mais íntimo que deve ser protegido e regulado. Por isso, é central para o entendimento da noção de privacidade.

> Privacidade é um conceito relacional circunscrito a um contexto, e não uma dicotomia rígida entre dois domínios separados. Privacidade aqui indica todas as ações que devem ser protegidas do olhar de outras pessoas [...]. Isso torna importante examinar o papel dos atores sociais na negociação e redefinição do significado de privacidade (Ghannam, 2002, p. 99).

No que tange aos espaços públicos, Ghannam (2002) afirma que as mulheres circulam mais livremente em mercados, mesquitas e escritórios do governo, enquanto são mais controladas quando suas saídas visam socialização e lazer. Os homens, que frequentemente podem sair para onde quiserem a qualquer momento, tentam controlar os movimentos de suas irmãs, esposas e mães, ainda que nem sempre consigam.

Embora Ghannam (2002) problematize a dicotomia entre público e privado, enfatizando que a primeira esfera, a despeito de estar ligada geralmente às performances masculinas, também comporta dinâmicas femininas, sua análise não contempla a centralidade das diferentes audiências em cada um dos espaços e, consequentemente, a relevância dada às opiniões alheias acerca dos próprios comportamentos. Ao abordar a esfera do privado, a antropóloga coloca o corpo como central para o entendimento do que é privacidade. Aqui, no entanto, penso em termos de reputações que os homens buscam construir por meio de suas performances. Portanto, entendo a esfera do privado como uma espécie de liberdade para ação, por estar fora do alcance dos olhares disciplinadores. Liberdade que, segundo Simmel (2005), tem estreita relação com o caráter individualista das relações que se estabelecem nas grandes cidades.

Dessa forma, entendo que as dinâmicas interacionais se dão em espaços menos em termos de público e privado, e mais de público — no sentido de ser conhecido, reputado — e anônimo. Assim, o foco passa a ser nas audiências que estão vinculadas aos espaços nos quais se dão as interações sociais e as performances de masculinidades.

Isso posto, aproprio-me aqui do entendimento de Georg Simmel para pensar as interações sociais, temática discutida em parte de sua obra. Simmel (2006), ao problematizar as relações entre indivíduo e sociedade, apresentou uma teoria na qual buscou superar a dicotomia entre essas esferas, defendendo uma perspectiva relacional do social. Em seu entendimento, a sociedade *acontece* a partir das interações entre os indivíduos em reciprocidade de ação, não somente nas duradouras e estabelecidas, como família, associações, igrejas etc., mas também naquelas rápidas e efêmeras, como solicitar uma informação a algum desconhecido na rua. Essas, diferente do que pode parecer, produzem um efeito recíproco entre os atores sociais, ainda que fugaz. Caminha nesse sentido a afirmação de Simmel (2006, p. 18):

> Que os seres humanos troquem olhares e que sejam ciumentos, que se correspondam por cartas ou que almocem juntos, que pareçam simpáticos ou antipáticos uns aos outros para além de qualquer interesse aparente, que a gratidão pelo gesto altruísta crie um laço mútuo indissolúvel, que um pergunte ao outro pelo caminho certo para se chegar a um determinado lugar, e que um se vista e se embeleze para o outro — todas essas milhares de relações, cujos exemplos citados foram escolhidos ao acaso, são praticadas de pessoa a pessoa e nos unem ininterruptamente, sejam elas momentâneas ou duradouras, conscientes ou inconscientes, inconsequentes ou consequentes. Nelas encontramos a reciprocidade entre os elementos que carregam consigo todo o rigor e a elasticidade, toda a variedade policromática e a unidade dessa vida social tão clara e tão misteriosa.

A sociedade é, então, um vir-a-ser, um produto objetivado do encontro entre diferentes subjetividades que podem, ou não, se transformar em um projeto comum.

Ao resultado do encontro entre os indivíduos, isto é, as interações, Simmel (2006) chamou de "sociação". As sociações são motivadas pelo que o sociólogo chamou de "conteúdo", isto é, impulsos e motivações, conjunto de experiências, reflexões e decisões individuais que compõem subjetividades específicas:

> Instintos eróticos, interesses objetivos, impulsos religiosos, objetivos de defesa, ataque, jogo, conquista, ajuda, doutrinação e inúmeros outros fazem com que o ser humano entre, com os outros, em uma relação de convívio, de atuação com referência ao outro, com o outro e contra o outro, em um estado de correlação com os outros. Isso quer dizer que ele exerce efeito sobre os demais e também sofre efeitos por parte deles (Simmel, 2006, p. 65).

Segundo Koury (2017), quando sociações conformam emoções diversas e compartilhamento de ideias e ideais que configuram o início de um projeto em comum, temos o que o antropólogo chamou de "cultura emotiva". Essas práticas comuns e emocionais possibilitam formas de continuidade, criação de alianças e geram um sentimento de pertença. Por conta disso, esse processo comum que configura a cultura emotiva é sentido e comunicado por todos aqueles que estavam presentes no jogo relacional que o originou.

Esse sentimento de pertença, que faz parte da cultura emotiva, é vivenciado e partilhado pelos indivíduos devido ao teor de seu conteúdo, que possui significados morais que se apresentam como elementos comuns ao outro relacional. A cultura emotiva é, portanto, um produto comunicacional e emotivo que forma os indivíduos que dele fazem parte, ao mesmo tempo que é por eles formado. Justamente por abarcar diferentes subjetividades em uma perspectiva dialética, a cultura emotiva não é estática, se realiza a todo o tempo por meio de processos de objetivação que podem se modificar de acordo com as tensões em torno de sua configuração e significados (Koury, 2017).

Os conteúdos motivam as interações, mas eles, por si só, não fazem sentido em termos sociais. Para que façam parte da dinâmica interacional, é preciso que extrapolem o indivíduo e se transformem em "formas" de ser para ou estar com o outro. A sociação é, assim, "a forma [...] na qual os indivíduos [...] se desenvolvem conjuntamente em direção a uma unidade no seio da qual esses interesses se realizam", sejam eles "sensoriais, ideais, momentâneos, duradouros, conscientes, inconscientes, casuais ou teleológicos" (Simmel, 2006, p. 66). Destarte, a sociedade, para Simmel, deve ser entendida a partir dessa relação entre forma e conteúdo.

Ainda que determinados conteúdos venham a produzir formas, estas podem se tornar autônomas daqueles, configurando um processo de autonomização entre a origem da forma e seu significado final. À vista disso, "essas formas adquirem então, puramente por si mesmas [...], uma vida própria, um exercício livre de todos os conteúdos materiais", sendo esse fenômeno definido por Simmel (2006, p. 70) como "sociabilidade". Percebe-se, com isso, que as interações podem, ou não, se enquadrar nessa definição.

Além dos conteúdos que motivam os encontros, suas formas resultantes devem ser "acompanhadas por um sentimento e por uma satisfação mútua de estarem socializados" (Simmel, 2006, p. 70). Esse prazer e felicidade na sociação em si, que é acompanhado pelo desvencilhamento das "realidades da vida social", configura o "impulso da sociabilidade", isto é, o entendimento do processo de sociação por si só como um valor apreciado (Simmel, 2006, p. 70).

Por ser uma forma autônoma de sociação, o que significa ter no cerne de seu significado o prazer no e pelo encontro, na sociabilidade não há atritos, diferentemente do que ocorre nas outras interações nas quais não se desenrola um processo de autonomização. A sociabilidade é, por isso, considerada a forma pura da ação recíproca (Simmel, 2006).

Por não abarcar características individuais, como humor e caráter, assim como não leva em conta quaisquer méritos ou capacidades excepcionais, os indivíduos precisam ser discretos, além de exercerem uma autorregulação, na dinâmica da sociabilidade:

> [...] a história mais requintada, mais sociável, é aquela na qual o narrador esconde sua personalidade; a história perfeitamente contada se mantém no feliz ponto de equilíbrio da ética sociável, no qual tanto o individual subjetivo como o conteúdo objetivo se dissolvem totalmente em prol da forma pura de sociabilidade (Simmel, 2006, p. 83).

Essa questão da autorregulação nos leva novamente à perspectiva de Goffman (2018) sobre o que são performances, que, conforme apontei no capítulo anterior, orienta o meu entendimento sobre o conceito.

Para Goffman, a expressão do eu em sociedade, isto é, sua representação, é construída pela interação com o outro e a partir da expectativa desse outro que compõe a coletividade. Nesse sentido, as interações são definidas "como a influência recíproca dos indivíduos sobre as ações uns dos outros" (Goffman, 2018, p. 23). Ora, se a expressão do eu depende das interações nas quais os atores sociais estão envolvidos, um mesmo indivíduo pode apresentar diferentes performances a depender do contexto. Em termos de masculinidades, percebe-se que não só existem diferentes formas de ser homem, como também um mesmo homem pode performatizar — e geralmente performatiza — diferentes masculinidades.

A partir desse arcabouço teórico, apresento a seguir três cenários por meio dos quais é possível pensar como os espaços e audiências influenciam as interações sociais e, consequentemente, as performances de masculinidades.

2.1 O PESO DA REPUTAÇÃO

Conforme já mencionado, as casas de família são um tipo de moradia muito comum na região de Al-Dakhlia. Sua estrutura foi pensada para que os filhos homens, ao se casarem, levem suas esposas para viver ali, com a família dele, mas em um apartamento exclusivo para o casal. Para as famílias que não têm um prédio próprio ou que há falta de espaço para todos, mas têm condições de presentear o filho com um apartamento (espera-se que a família do noivo providencie a moradia), este provavelmente será perto de seus pais. Nos dois casos, os recém-casados não necessariamente precisam de apoio financeiro no início da vida conjugal, mas vão viver perto da família do noivo. No caso das famílias de classes mais baixas, que não têm condições financeiras de providenciar um apartamento exclusivo para o casal, geralmente a mulher se muda para a casa dos sogros. Um dos motivos pelos quais isso acontece é porque, em geral, as pessoas são fortemente incentivadas a casar logo que possível, com no máximo 25 anos, para os homens, e ainda menos idade para as mulheres. Considerando a realidade econômico-social de Mahalla, nessa faixa etária os jovens ainda não têm plena capacidade financeira de sustentar uma família, alguns sequer finalizaram seus estudos ou ainda estão em início de carreira. Para viabilizar o casamento, a família do noivo assume as responsabilidades financeiras.

Ao casar-se, a mulher não adiciona o sobrenome do marido, mantendo o do seu pai. Esse é um aspecto interessante e complexo, pois, ao mesmo tempo que ela passa de certa forma a fazer parte de outro núcleo familiar, suas origens jamais são esquecidas. Sua posição é ambígua, pois, ao se casar, ela passa a ser percebida pelos outros como "esposa", mas há situações em que ser "filha" terá um peso maior. Essa ambiguidade da posição feminina decorre do fato de a sociedade em questão ser patrilinear e virilocal. A patrilinearidade não é representada apenas no sobrenome de família, mas também na construção dos nomes como um todo, uma vez que precisam necessariamente remeter à linhagem paterna, nesta ordem: nome próprio do(a) filho(a), nome próprio do pai, nome próprio do avô, nome próprio do bisavô e, finalmente, o sobrenome familiar. Os(as) filhos(as) não recebem o sobrenome de família da mãe, sendo a composição dos seus nomes remetendo completamente à ascendência paterna. A reputação que tal sobrenome carrega interfere desde o recebimento de pequenos agrados e favores, como ganhar quitutes da vizinhança ou comprar algo fiado no mercado local, até conseguir empréstimos e, principalmente, bons casamentos para os descendentes. Ou seja, reputação confere prestígio social. O caso de Mohamed Elsharb, chefe da família da casa onde fiquei hospedada, é um ótimo exemplo disso. A reputação do sobrenome ElSharb influenciou até mesmo a pesquisa realizada, uma vez que minha posição em campo foi completamente afetada por minha vinculação a essa família.

Dessa forma, o fato de pertencer a determinada família remete à reputação que ela tem em seu meio (DaMatta, 1997). Nota-se que é uma sociedade que tem como base a noção de *pessoa* que, segundo DaMatta (1997), diz respeito a um aspecto da realidade humana que pode ser entendido "como uma vertente coletiva da individualidade, uma máscara colocada em cima do indivíduo ou entidade individualizada [...] que desse modo se transforma em ser social". Em Mahalla, essa "máscara" são os laços de sangue, representados pelo sobrenome paterno. Tal sobrenome carrega uma reputação que se assenta nos valores da honra que, por conseguinte, funciona como um princípio diferenciador e hierarquizador (DaMatta, 1997). Refiro-me, portanto, a um grupo no qual o sistema social se atualiza por meio das relações morais ou pessoais, especialmente por meio da rede de parentesco, que, por sua vez, confere uma identidade social.

A noção de *pessoa* se contrapõe à de *indivíduo*, que enfatiza a ideia de um "eu individual" que aspira à liberdade e à igualdade e no qual há lugar para decisões, sentimentos e emoções particulares. No âmbito familiar, não há lugar para esse individualismo, e cada um é incorporado à sociedade a partir da identidade fornecida pela rede de parentesco. Desse modo, podemos entender as casas de família não como mera questão econômica, no sentido de dar apoio financeiro para filhos recém-casados, mas como a substancialização dessa unidade que conforma indivíduos que são reconhecidos em termos da sua linhagem formando, assim, uma rede de solidariedade baseada nos laços de sangue (DaMatta, 1997). Tendo em vista que reputações são atribuídas pelos outros, tal configuração extrapola a esfera da casa e vai para a rua, o que nos leva ao entendimento de que o meio social como um todo é "hierarquizado em termos de relações familiares" (DaMatta, 1997, p. 241), com cada um sendo reconhecido como *pessoa* dotada de determinada reputação atribuída em referência ao sobrenome paterno que carrega.

Quando me refiro a "laços de sangue" e "sobrenome", tais elementos não estão somente no campo das representações simbólicas, mas também no das relações concretas. Tal aspecto se torna mais compreensível se pensarmos na prática da adoção. Segundo a tradição islâmica, é altamente incentivado o auxílio aos órfãos e, até mesmo, sua tutela, mas esses não devem usar um sobrenome que não seja de seu pai biológico, pois suas relações consanguíneas familiares não podem ser substituídas. Esse é um elemento tão central que se, por exemplo, uma criança do sexo masculino pudesse ser adotada segundo os padrões ocidentais, quando alcançasse a puberdade, sua mãe adotiva e irmãs que também já estivessem na puberdade não poderiam ficar em sua presença sem estarem vestidas de modo adequado, ou seja, cobrindo todo o corpo, incluindo os cabelos. Isso ocorre porque as mulheres devem se cobrir caso estejam na presença de homens com os quais o matrimônio é permitido, o que significa afirmar que seria permissível o casamento entre um filho adotivo e as mulheres da família que o adotou, tendo em vista que não compartilham o mesmo sangue[6]. Esse exemplo é emblemático para a compreensão da importância que se dá aos lanços de sangue e ao sobrenome que, como é possível perceber, se relacionam concretamente.

Além da centralidade dos laços de sangue e do sobrenome familiar, existem outras características que influenciam as dinâmicas interacionais. Em toda a região de Mahalla, as ruas estreitas

[6] No que tange aos tabus matrimoniais islâmicos, é relevante destacar que as relações lactárias são consideradas relações consanguíneas, desde que a criança seja amamentada ao menos cinco vezes no período de dois anos. Com isto, ao amamentar um menino segundo esses critérios, a mulher não precisará se cobrir em sua presença quando ele alcançar a puberdade, tal como faria com um filho adotivo.

e os prédios geminados facilitam a interação entre a vizinhança. As casas de família da região, em sua maioria, possuem varandas e terraço, fazendo com que as pessoas possam conversar entre si até mesmo de dentro de suas próprias casas. Essa é uma característica que favorece a vigilância mútua. As pessoas observam, assim como estão o tempo todo sendo observadas. Reputações estão em jogo constantemente. Com isso, em geral, as pessoas se preocupam bastante com a imagem que vão passar acerca de si mesmas, pois sabem que estão sendo vigiadas, apesar de ninguém falar publicamente sobre isso. Uma situação ocorrida durante o *Ramadan* de 2018 é um bom exemplo para compreender como isso ocorre na prática.

Seria um final de tarde comum em Mahalla, se não fosse a manhã do dia 26 do mês do *Ramadan* (11 de junho de 2018 no calendário gregoriano). Acredita-se que o Alcorão começou a ser revelado por *Allah* ao Profeta Mohamed, por meio do anjo Gabriel, em um dos últimos dez dias do mês sagrado. *Laylatul Qadr* (Noite do Decreto), como é chamado esse dia, é extremamente importante para a comunidade muçulmana, uma vez que, de acordo com o Alcorão,

> A Noite do Decreto é melhor do que mil meses.
>
> Nela descem os anjos e o espírito (anjo Gabriel), com a anuência do seu Senhor, para executar todas as suas ordens.
>
> Ela é paz até o romper da aurora! (97:3-5)

Além da correria habitual para o preparo das comidas para a quebra do jejum, a família ElSharb, assim como toda vizinhança, se organizava para a tão esperada Noite do Decreto. Todos passariam a madrugada na Mesquita, que se localizava apenas a duas casas de distância da casa da família ElSharb, a qual fora construída inclusive com sua ajuda. Mesmo não sendo muçulmana, fui convidada para participar da oração, e aceitei prontamente. Estava ansiosa para participar desse momento tão importante para aqueles que me recebiam com tanto carinho.

Eu estava na cozinha com Sarah e Fatima preparando o *iftar*[7] quando Youssef chegou com um amigo, Omar. Ele foi até a cozinha, chamou a mãe e falou alguma coisa em árabe que não consegui entender. Era um dia em que todos estavam felizes e ansiosos para participar das orações noturnas da presumida Noite do Decreto, mas Youssef e seu amigo pareciam angustiados.

Fatima parou o que estava fazendo e foi preparar chá para a visita. Depois de servi-los, pediu para Sarah chamar Mahmoud em seu apartamento e, enquanto isso, acordou Mohamed, que dormia, como costumava fazer todas as tardes. Fatima voltou para a cozinha, enquanto ficaram na sala Youssef, Omar, Mahmoud e Mohamed. Yehia, que estava em Mahalla para passar os últimos dias do *Ramadan* com a família, havia saído com Marcela. Somente depois que tudo já havia se resolvido que soube com mais detalhes o que acontecera. Sarah e Mahmoud me contaram.

Omar morava na mesma rua onde eu estava hospedada. A irmã mais nova dele, Heba, uma adolescente de 17 anos, reclamou com o irmão que Azim, um homem jovem conhecido nos arredores, que morava naquela mesma região, havia falado para ela algumas palavras inapropriadas enquanto ela voltava da feira em uma rua próxima, onde havia ido a pedido de sua mãe. O pai deles havia falecido recentemente, então o posto de *ragel*[8] ficara para Omar, o irmão mais velho. Com isso, ele passou a ter grande responsabilidade, pois teria que proteger e cuidar de sua família. No entanto, assumir esse papel não é tão simples, ainda que os meninos sejam ensinados desde pequenos que os homens precisam ser os provedores de suas famílias, além de protegê-las e cuidá-las.

Omar era um jovem solteiro de 24 anos que teve dificuldade para assumir a posição de *ragel*. Pessoa tímida e com pouca desenvoltura para lidar com ocasiões em que precisava tomar uma atitude

---

[7] *Iftar* é a refeição com a qual se quebra o jejum diário durante o mês do *Ramadan*.

[8] *Ragel*, nesse caso, é como eles se referiam ao "homem da casa", o chefe da família. Em inglês, que é o idioma utilizado na minha comunicação com meus interlocutores, o termo foi traduzido por Mahmoud como "The Man", escrito exatamente dessa forma, para dar ênfase e demonstrar que não se tratava de qualquer homem, mas sim "O Homem".

mais enérgica, se viu em uma situação delicada, pois queria tirar satisfações com o homem que havia assediado sua irmã, mas não tinha coragem para fazê-lo. Decidiu, então, ir até a casa da família ElSharb, uma vez que Mohamed era um senhor muito respeitado e sempre era procurado para resolver os mais diversos problemas, mediar conflitos, dar conselhos aos mais jovens ou simplesmente para contar histórias sobre sua vida.

Por saber quem havia assediado sua irmã, era esperado que Omar o procurasse para conversar a fim de que ele não se comportasse mais daquela maneira. Heba disse, inclusive, que não era a primeira vez que ele fazia aquilo e pediu ao irmão que resolvesse a questão, pois estava se sentindo muito incomodada e constrangida. Então, Omar contou o ocorrido para Youssef, pois queria conversar com Mohamed a fim de se aconselhar sobre o que deveria fazer.

Em Al-Dakhlia, as pessoas conheciam umas às outras, ao menos pelo nome ou de já ter ouvido falar. Mesmo que não conhecesse alguém diretamente, sabia das redes de relações que levavam até determinada pessoa. Por exemplo: quem mora ali poderia não conhecer diretamente Omar, mas certamente conhecia alguém que o conhecia, parentes ou amigos. Geralmente era possível fazer referências a partir de suas próprias redes de relações.

Na rua em que vivia a família ElSharb e em seu entorno (que a partir desse momento chamarei de rua Z e arredores), os vínculos eram ainda mais estreitos, uma vez que todos de fato se conheciam de forma bastante próxima. Era como uma grande família ou, para usar o termo de Koury (2018), uma comunidade de afetos baseada em relações nas quais todos se conheciam de forma próxima e caracterizadas pela solidariedade e pelo compartilhamento de um sentimento de pertença. Aqueles que ali moravam, a partir das diferentes interações, acabaram produzindo "uma cultura emotiva e um modo de vida singular de compartilhamento e solidariedade, em uma forte rede de pertencimento". (Koury, 2018, p. 6). Cultura emotiva entendida como "formas assumidas pela moralidade que organiza o jogo de solidariedade e apoio mútuo entre eles" (Koury,

2018, p. 7). Moralidade, por sua vez, entendida como princípios norteadores para uma prática comum (Koury, 2018). Princípios esses que não são cristalizados e podem ser transformados no decorrer do tempo e por gerações.

O sentimento de pertença compartilhado pelos moradores da Rua Z e arredores diz respeito à forma como o local foi ocupado. Conforme mencionado na introdução desta obra, quando a família ElSharb construiu sua casa naquela localidade, não havia ali muitas habitações. Depois de alguns anos, deu-se início a um crescimento desordenado, fazendo com que aqueles que já estavam lá há mais tempo criassem vínculos ainda mais fortes. Isso não significa afirmar que a relação com os demais moradores da região era ruim, no entanto, na rua Z e nos arredores, a pessoalidade e as redes de apoio eram ainda maiores, pois foram potencializados por uma biografia em comum.

Segundo Berger e Luckmann (2003, p. 95-96), "quando vários indivíduos participam de uma biografia comum, cujas experiências se incorporam em um acervo comum de conhecimento", ocorre uma sedimentação intersubjetiva. Afirmam, ainda, que tal fenômeno só pode ser observado de fato "quando surge a possibilidade de repetir-se a objetivação das experiências compartilhadas". A comunidade de afetos formada pela vizinhança da família ElSharb é a objetivação das experiências primeiras que a deu origem e, por isso, mesmo depois de tanto tempo, o senso de solidariedade entre eles e o sentimento de pertencimento àquele lugar ainda eram muito presentes.

A linguagem tem papel central nesse processo de sedimentação, tendo em vista que "objetiva as experiências partilhadas e torna-as acessíveis a todos dentro da comunidade linguística, passando a ser assim a base e o instrumento do acervo coletivo do conhecimento" (Berger; Luckmann, 2003, p. 96). Mohamed, ao ser sempre procurado para partilhar suas histórias de vida, assim como para todas as outras situações já citadas, era um personagem fundamental nesse processo, já que era a grande referência do lugar, inclusive em termos morais. Omar, sem medo de parecer vulnerável e de ser julgado em relação ao que se esperava que ele fizesse enquanto o homem responsável por sua irmã, se sentiu confortável em procurar Mohamed a fim de pedir conselhos sobre o que fazer. Existia uma relação de confiança entre eles, que foi estabelecida a partir de uma cultura emotiva e de uma moral baseadas na solidariedade entre os moradores da vizinhança.

A cultura emotiva orienta os indivíduos que se sentem pertencentes a ela a agir de determinada maneira. Orientar não significa que todos agem exatamente de acordo com os princípios norteadores. No caso da rua Z e arredores, os princípios que os mantêm como uma rede de afetos giram em torno da solidariedade e da forte participação na vida uns dos outros. Contudo, o termo afeto não se refere somente aos sentimentos tidos como positivos. Refere-se a emoções e sentimentos dos mais diversos: amor, ódio, ressentimento, gratidão, inveja, alegria etc. Uma vez que a cultura emotiva não é estática, e se movimenta de acordo com as novas experiências que surgem nos encontros entre os indivíduos que colocam suas subjetividades em troca, pode ser entendida como um jogo tensivo que confere ao social uma característica conflitiva. É justamente por isso que se pode considerar a rua Z e seus arredores como uma comunidade de afetos, já que, a despeito de ser balizada em solidariedade, possui suas contradições e conflitos internos (Koury, 2018).

Omar, que fazia parte dessa comunidade de afetos, ainda que quisesse cuidar e proteger sua irmã de acordo com os códigos morais locais, não sabia como fazê-lo. Segundo Mahmoud, ele pediu ajuda a Mohamed para chamar Azim para conversar e resolver a querela de uma vez. No entanto, diferentemente do que pode parecer em um primeiro momento, o fato de Omar não ter ido resolver a situação pessoalmente não se tornou uma grande questão no que tange à sua masculinidade. Pelo contrário: ele buscou ajuda entre sua rede de apoio a fim de cuidar e proteger sua irmã, o que, de forma geral, foi visto como uma forma de cuidado e proteção.

Porém, houve, sim, alguns comentários em tons depreciativos em torno da atitude de Omar, questionando sua masculinidade. Segundo Mahmoud, algumas pessoas disseram que Omar foi um *mish ragel*, isto é, um homem que deveria ser o responsável por sua família, mas que não age como tal. De qualquer forma, Omar procurou a família ElSharb em plena manhã de um dia movimentado como era aquele que precedia a Noite do Decreto, ou seja, não parecia se preocupar tanto com as opiniões alheias.

Eu ainda estava na cozinha ajudando a preparar o *iftar*, e os homens estavam na sala conversando, quando começou um falatório vindo da rua. Sarah deixou a cozinha, assim como sua mãe, Fatima, e me levaram para a casa de Sarah, no andar de cima. Fomos as três para a varanda a fim de saber o que estava acontecendo.

Todas as varandas, sem exceção, eram equipadas com cortinas para preservar a privacidade, já que, dentro de suas casas, as pessoas podiam se vestir da maneira que quisessem — mas ainda de forma modesta —, e as mulheres não usavam o *hijab*, a não ser quando recebiam visitas. Abrimos as cortinas empoeiradas — haja poeira! — e olhamos para fora: havia algumas pessoas na rua, duas senhoras mais velhas, três mulheres mais jovens, uma delas segurando um bebê em seu colo, e dois homens. Olhei para os lados e em outras varandas também havia pessoas curiosas para saber o que estava acontecendo.

Àquela altura, muita gente já sabia o que havia acontecido. Sarah ouviu que estavam falando sobre o ocorrido com Heba e sobre a ida de Omar à sua casa. Para entender melhor o que falavam, fui até lá. Fatima voltou para a cozinha, e eu segui Sarah, ansiosa para entender melhor toda aquela movimentação.

Um fato que chamou minha atenção foi que a notícia se espalhou muito rapidamente. Em pouco tempo, muita gente já sabia do ocorrido, o que se deu devido à dinâmica das fofocas que, naquela região, têm um papel central para a circulação de informações. Porém, a função social das fofocas vai além. Segundo Oliveira (2010),

> [...] as fofocas são narrativas que descrevem eventos e ao mesmo tempo trazem implícitos julgamentos acerca dos comportamentos narrados, imputando aos agentes envolvidos nos fatos relatados as avaliações elogiosas ou depreciativas [...]. Assim, ajudam a disseminar uma imagem social específica daqueles que são os protagonistas envolvidos nos relatos de mexericos. Esta imagem social tem importância no processo de constituição identitária dos agentes (p. 17).

Gluckman (1963) foi um dos primeiros a chamar atenção para a importância de considerar as fofocas um fenômeno social passível de análise, enfatizando a conexão entre elas e a moralidade. O antropólogo afirma também que, a despeito de ser algo geralmente desaprovado socialmente, as fofocas têm valor social positivo, no sentido de promover a coesão social. Quanto menor o grupo, com interações mais estreitas, como é o caso da rua Z e arredores, mais frequentes se tornam as fofocas, fazendo com que seu valor social positivo se torne ainda mais evidente: o que os mantêm como um grupo é justamente falar uns sobre os outros. Ou seja, o direito de participar das fofocas é algo que marca o pertencimento da alguém como membro de um grupo. Durante seu trabalho de campo na Zuzulândia, Gluckman afirmou que se sentiu excluído, uma vez que não sabia fofocas suficientes, tampouco aprendeu como e quando usá-las de forma a se sentir integrado (Gluckman, 1963).

Entretanto, se retomarmos as fofocas que foram feitas com o objetivo de desqualificar Omar, invalidando-o como homem ou, melhor dizendo, como *ragel*, é possível perceber outro aspecto que as caracteriza. Ao colocar em evidência os valores, as normas e crenças coletivas que orientam as interações sociais, as fofocas podem assumir um lugar de ameaça às masculinidades, pois, conforme Fonseca (2004, p. 23) ressalta, elas têm como uma de suas funções "informar sobre a reputação de moradores de um local, consolidando ou prejudicando sua imagem pública". Para os grupos (que fazem parte do grupo mais amplo da Rua Z e arredores) que têm um entendimento específico sobre a atitude que Omar deveria ter tomado, por ser o homem responsável por Heba, as fofocas são compreendidas a partir de seu viés regulamentador que, por sua vez, baseia-se nos valores, normas e crenças compartilhadas nesses grupos.

A existência de diferentes percepções não enfraquece a rede de apoio. Justamente por existir, concomitantemente, um senso de solidariedade, assim como contradições internas que podem levar a tensões e atritos no cotidiano, o grupo mais amplo é caracterizado como uma comunidade de afetos. Sarah, ao fazer parte dessa comunidade, estava apta a participar daquele falatório que acontecia quase em frente à sua casa. Ela então se juntou ao grupo, que estava inquieto. Em pouco tempo, chegou Omar, Mahmoud, Youssef e Mohamed. Quando o *ragel* da família ElSharb apareceu, todas as atenções foram voltadas para ele. Todos ficaram em silêncio para ouvir o que ele tinha a dizer. Chamei Mahmoud e perguntei o que estava acontecendo, e ele me disse que a opinião de seu pai era sempre muito respeitada, então estavam todos aguardando para saber o que ele havia pensado sobre a situação de Heba, levada até ele por Omar.

Mais tarde, Sarah me explicou que as pessoas estavam somente conversando sobre o que havia acontecido. Estavam preocupadas não só com Heba, mas também com Omar, pois sabiam que ele era um rapaz tímido que teria dificuldades para resolver o problema sozinho. Falaram também sobre Azim, jovem que cresceu nas redondezas e que era conhecido por todos. O grande questionamento girava em torno do porquê ele estar agindo daquela maneira, principalmente com mulheres da própria vizinhança.

Enquanto conversavam sobre o ocorrido, pude perceber que gesticulavam muito e apresentavam expressões faciais que, a meu ver, remetiam à indignação. Segundo Le Breton (2019, p. 118), "os afetos que perpassam o indivíduo estão inscritos em todas as partes do corpo [...] e, de maneira privilegiada, moldam as linhas características de seu rosto". Embora eu não fizesse parte do mesmo grupo social, existiam alguns sinais de expressividade facial que poderiam, em certas circunstâncias, ser decifrados. E, de fato, como pude confirmar depois com Sarah, o sentimento naquele momento era mesmo de indignação. Era inadmissível que um rapaz da vizinhança desrespeitasse uma mulher – não qualquer mulher, mas uma que vivia ali e fazia parte da comunidade de afetos.

Segundo Sarah, Heba era uma menina bastante querida na rua. Muito educada e prestativa, sempre disposta a ajudar, principalmente quando alguma mãe dos arredores precisava de ajuda com os filhos, pois gostava muito de crianças. Seu pai já havia falecido, e seu irmão, Omar, se esforçava para atender a todas as suas vontades. Apesar disso, não era uma jovem mimada, egoísta ou algo nesse sentido, pelo contrário. Era, também, bastante religiosa, já tendo, inclusive, memorizado algumas partes do Alcorão. Seu sonho era aprender a falar inglês, conhecer um bom rapaz para casar e ter filhos. Já tinha muitos pretendentes, pois, além das qualidades citadas, todos a consideravam muito bonita. Seus olhos em um tom mais claro, esverdeados, grandes e expressivos chamavam atenção em um lugar no qual a esmagadora maioria possuía olhos escuros.

Com todas as atenções voltadas para si, Mohamed disse que convidaria Azim, assim como seu pai, para quebrar o jejum em sua casa e conversar sobre o ocorrido. No entanto, naquele dia não seria possível, pois estava se aproximando a hora do *iftar* e, depois, todos iriam para a mesquita por acreditarem ser aquela a Noite do Decreto. Mohamed pediu que Youssef fosse com Omar até a casa de Azim e o convidasse para ir até sua casa, com seu pai, no dia seguinte. Assim foi feito.

A hora voava, e precisávamos terminar de preparar o *iftar*. Com os ânimos mais calmos, Sarah e eu voltamos para a cozinha. Naquele momento, a ansiedade voltou a ser em relação à Noite do Decreto, principalmente de minha parte, que participaria pela primeira vez.

Chegou o momento de irmos para a mesquita. Coloquei uma roupa de oração emprestada por Sarah e fui com a família ElSharb. A mesquita localizada na rua Z era pequena e não possuía um espaço reservado para as mulheres, já que não existe uma obrigatoriedade de elas frequentarem. Quando havia alguma ocasião festiva como o *Ramadan*, a família que morava exatamente ao lado da mesquita cedia sua garagem para servir de espaço para mulheres e crianças.

Naquele dia pela manhã, havíamos ido à mesquita para ajudar na organização do espaço — assim como foi feito em vários outros dias durante o *Ramadan*, especialmente nos últimos dez, pois as mulheres iam com mais frequência fazer suas orações naquele espaço. Ainda que não fosse combinado de maneira formal, não havendo nenhuma proposta de escala para a organização e limpeza do espaço improvado na garagem daquela família, todos os dias várias pessoas — homens, mulheres e crianças, mas principalmente as mulheres — apareciam para ajudar nessa empreitada.

Eu estava um pouco nervosa, pois não sabia como agir e tinha consciência do quanto aquela noite era importante para todos que estavam ali. Pouco depois que cheguei, comecei a ficar mais relaxada, pois fui muito bem recebida. Era nítido que estavam todas muito felizes com a minha presença. Com a ajuda de Aisha, conversei com várias mulheres que ainda não havia tido a oportunidade de fazê-lo. Quando faltava pouco tempo para iniciar as orações, Sarah e Aisha me perguntaram se eu gostaria de rezar com elas. Mesmo não sendo muçulmana, aceitei.

Um dos movimentos realizados durante as orações é o *sujud*, isto é, a prostração, na qual a pessoa deve encostar a testa no chão em reverência a *Allah*. Eu não estava acostumada a fazer esse movimento tantas vezes repetidamente. Então, ao final daquela noite inteira de orações, fiquei com uma leve marca avermelhada na testa. No dia seguinte, a marca persistia e virou o assunto do momento: em pouco tempo muita gente da vizinhança já sabia que minha testa estava marcada. Eu já sabia do significado daquela marca, mas jamais imaginaria que um dia a teria, mesmo que de forma bastante leve, até porque não esperava que fosse performatizar orações islâmicas, tampouco por uma noite inteira.

Segundo Mahmoud e Yehia me disseram, a *zebibah*, marca escura na testa adquirida por conta das repetidas orações, simboliza religiosidade. Algumas pessoas — geralmente homens — esfregam suas testas nos tapetes de oração a fim de adquirir essa marca, que é como um calo, e se diferenciar socialmente, podendo até influenciar a dinâmica matrimonial. Mahmoud disse que quem tiver essa marca chegará ao *Jannah* (Paraíso) com uma luz branca intensa saindo de sua testa, iluminando a todos e mostrando o quanto que essa pessoa foi fiel e praticante. Yehia complementou, afirmando que tal marca não é importante para todos e que tinha muitos amigos que faziam o movimento inverso, isto é, ao fazer suas orações — quando faziam —, tocavam suas testas no chão com cuidado para não ficarem marcadas. Para esses homens, a estética de seus rostos, manter o que eles entendem sobre o que é ser belo, era mais importante do que demonstrar uma suposta religiosidade.

Em todo caso, qualquer uma das percepções acerca da *zebibah* remete à centralidade do corpo — especificamente aqui, do rosto — para esses homens se localizarem socialmente. Le Breton (2004), ao analisar tatuagens, piercings e outras práticas de transformação corporal como sinais de identidade, afirma que tais práticas remetem ao desejo do sujeito de não passar despercebido, de estabelecer sua presença para os outros e para si mesmo, em uma necessidade interior de dar sentido à sua existência. Seja para se destacar como um homem religioso, seja para evitar as mesmas marcas a fim de ser considerado um homem vaidoso, bonito, a argumentação do antropólogo sobre o corpo faz sentido, na medida em que é caracterizado como "uma matéria à parte que revela um estado do sujeito" (Le Breton, 2004, p. 18). A partir dessa mesma linha de pensamento, o rosto, entre todas as partes do corpo humano, "é aquela em que se condensam os mais elevados valores: matriz de identificação em que reverbera o sentimento de identidade" (Le Breton, 2019, p. 302). Assim, os rostos de cada um daqueles homens, com ou sem a *zebibah*, remetem ao aspecto social e cultural que forjam suas formas e movimentos, ainda que cada rosto possua suas singularidades.

Com base no entendimento de que os rostos e suas significações emergem a partir do vínculo social, é possível compreender o porquê de todos terem ficado tão entusiasmados com a leve marca avermelhada que havia surgido em minha testa. Para a maioria, era um sinal de que eu me tornaria muçulmana. Ainda que eu soubesse, no meu íntimo, que isso não aconteceria — e que fizesse questão de sempre dizer que a conversão não estava nos meus planos —, naquele momento deixei a situação fluir, pois estavam todos muito empolgados, felizes e se divertindo. Eu também me diverti e aproveitei o momento de descontração.

O dia foi de fato tranquilo e agradável, estávamos no fim do *Ramadan* e, naquele momento, as atenções estavam voltadas para o *Eid al-Fitr*[9]: era preciso organizar a faxina que seria dada na casa, assim como pensar nas roupas novas que seriam usadas na ocasião, planejar as comidas que seriam preparadas, sem esquecer os presentes que as crianças ganhariam (geralmente alguma quantia em dinheiro). Contudo, aquele clima descontraído estava prestes a mudar.

Azim, acompanhado de seu pai, chegou à casa da família ElSharb cerca de meia hora antes do *iftar*, como havia sido combinado. Conforme mencionei no capítulo anterior, o compartilhamento da comida não é uma ocasião como outra qualquer. Em um momento como esse, criam-se laços. Mohamed não havia os convidado para compartilhar aquele momento por acaso, especialmente em uma quebra de jejum.

Durante o *Ramadan*, é costume não só em Mahalla, mas em todo o Egito, após comerem — muito! — no *iftar*, as famílias se sentarem em frente à televisão para assistir à programação especial planejada especialmente para esse período. As opções são variadas: vão desde

[9] Celebração islâmica que marca o fim do *Ramadan*.

programas de pegadinhas até séries bem produzidas, passando por programas de culinária e outros de auditório com entrevistas. Mohamed, com a intermediação de Mahmoud, me disse que antigamente o costume era, depois do *iftar*, visitar parentes, amigos ou vizinhos a fim de desejar *Ramadan Mubarak* (*Ramadan* abençoado). Ele reclamou que as pessoas estavam substituindo as visitas pela televisão e pela internet, uma vez que muitos passaram a desejar *Ramadan Mubarak* pelas redes sociais. Ele comentou, ainda, sobre as roupas e a maquiagem que as atrizes usavam nas séries, que levavam a pensamentos pecaminosos, colocando por terra tudo que havia sido perdoado durante o jejum. De qualquer forma, todos os dias, ele aguardava ansioso pelos próximos capítulos de sua série favorita.

Nesse dia, a dinâmica foi um pouco diferente, já que, após a quebra do jejum, Mohamed conversaria com Azim e seu pai sobre o que havia acontecido. Participaram da conversa, além dos que acabei de citar, Youssef e Mahmoud. Yehia não participava muito desses momentos. Ele costumava dizer que gostava muito de Mahalla e de seus vizinhos, e que tinha ótimas lembranças de sua infância e adolescência, mas que o incomodava o fato de todos sempre saberem da vida das outras pessoas, se sentindo no direito de opinar e julgar. Para Yehia, a dinâmica social que caracteriza aquela região de Mahalla, e que venho apresentando neste tópico, foi o que o fez querer casar-se com uma mulher estrangeira e viver no Cairo, "cidade mais cabeça aberta", segundo suas próprias palavras.

Fui para a casa de Sarah, onde fiquei conversando com Aisha e Marcela. Quando Marcela ia para Mahalla, eu me sentia muito bem, pois era uma grande oportunidade de falar português, algo que sentia muita falta no dia a dia. Enquanto a conversa séria ocorria no andar de baixo, Aisha, Marcela e eu nos divertíamos com nossas diferenças linguísticas. Após algum tempo, ouvimos a campainha tocar. Aisha correu para a varanda e viu que era Omar chegando para se juntar à conversa no andar de baixo. Ficamos curiosas, mas só depois que tudo estava resolvido que ficamos sabendo, por Mahmoud, o que havia sido conversado ali.

A primeira questão que Mohamed trouxe foi a importância de Azim honrar sua própria família. Disse que conhecia seu pai há muitos anos e que sabia que era um homem respeitável. Em Mahalla, o sobrenome familiar carregava uma reputação, e todos da família — homens, mulheres, crianças — tinham responsabilidade em prezar por ela. Esse princípio norteador é um dos aspectos que, com os demais já apresentados até o momento, forma a cultura emotiva e a moral do lugar. A partir dessa premissa, Mohamed começou a falar sobre o fato em si, disse que Azim deveria se envergonhar por ter falado palavras inapropriadas para Heba e, a partir disso, fez um longo sermão, inclusive fazendo menção ao *Ramadan*, que deveria ser um período de contato maior com *Allah* e ele, ao contrário, estava se distanciando por conta de suas atitudes.

Esse é um brevíssimo resumo de tudo que eles conversaram ali. Mahmoud contava para a irmã em árabe, depois falava comigo em inglês para, então, retornar ao árabe. Uma confusão que, certamente, fez com que ele resumisse bastante o que foi falado na conversa. De qualquer forma, o cerne da questão está posto.

É interessante observar que o grande problema não foi a performance de Azim em si. Ao trazer a questão da honra familiar, de ressaltar as relações estabelecidas entre as famílias e discursar sobre reputações, fica claro que a preocupação ia muito além de uma simples questão de respeito às mulheres: deve-se respeitar especialmente as mulheres que fazem parte daquela comunidade de afetos. As consequências do ato de Azim só aconteceram porque se tratava de Heba, uma mulher da região dotada de certa reputação. Ali, a reputação tem um peso, por isso Azim não poderia performatizar aquela masculinidade e sofreu as consequências de seu ato.

Segundo Mahmoud, Azim se arrependeu, pediu desculpas ao pai e a Mohamed e disse que conversaria com Omar, que, então, foi chamado para se juntar a eles. Chegando lá, depois de algum tempo de conversa, Azim pediu desculpas a Omar pelo que fez com sua irmã e se comprometeu em não agir mais daquela maneira. As desculpas foram prontamente aceitas. Com a querela resolvida,

Omar, Youssef e Azim foram para um café para tomar chá, jogar conversa fora e fumar *shisha*.

Perguntei a Mahmoud porque, em nenhum momento, chamaram Heba para que as desculpas fossem pedidas diretamente a ela, já que foi ela, e não Omar, quem passou pela situação constrangedora provocada por Azim. A resposta foi que, em primeiro lugar, provavelmente a própria Heba não gostaria de ter contato com Azim, pois se sentiria constrangida. Logo, era uma forma de protegê-la e não a expor ainda mais. Segundo, porque Omar era o responsável Heba, podendo representá-la nas mais diversas situações. Por ser um desrespeito não só a Heba, como a toda sua família, as desculpas sendo feitas a Omar era uma maneira plenamente aceitável de resolver o problema. Ele ressaltou, também, que no Cairo e em Alexandria, por exemplo, ainda que as pessoas de uma família se preocupem umas com as outras, as dinâmicas podem ser muito diferentes, pois as pessoas estão ficando "muito ocidentais", para usar suas próprias palavras. Logo ele, que já havia sido casado duas vezes com mulheres ocidentais.

2.2 A NOSTALGIA DA COMUNIDADE

Sobre esse estranhamento acerca do modo de vida no Cairo, cidade mais cosmopolita, lembro-me de Moustafa[10], homem de 32 anos, solteiro, que passou grande parte de sua vida em Mahalla e estava vivendo no Cairo a trabalho. Segundo Moustafa, a vida na capital era melhor em muitos aspectos, mas ele sempre dizia que sentia falta do estilo de vida de sua cidade natal: "*aqui* [Cairo] *as pessoas estão sempre com pressa, não falam umas com as outras direito, não se preocupam umas com as outras... por aqui as pessoas se tornaram egoístas por causa das circunstâncias ruins e da fraqueza na religião*".

A família de Moustafa ainda vivia em Mahalla, mas em uma região diferente da que se localizava a família ElSharb. A partir de

[10] Interlocutor que conheci pela internet a partir da expansão da rede de contatos.

seu discurso, pode-se depreender que ele possuía um sentimento de pertença àquele lugar onde nasceu e viveu a maior parte de sua vida. Ele estava inserido em uma cultura emotiva específica, da qual sentia falta e para qual recorria quando tinha possibilidade, fazendo visitas regulares à família, instituição central na vida de todos meus interlocutores.

Moustafa vivia sozinho no Cairo e dizia sentir muita falta da vida em Mahalla, especialmente da dinâmica da casa de família: "*sinto falta das refeições em família, da preocupação uns com os outros, de ver meus sobrinhos crescerem... aqui* [Cairo] *ninguém se preocupa com ninguém*", ele me disse.

A essa indiferença que permeia as relações, Simmel (2005) chamou de caráter *blasé*:

> A essência do caráter *blasé* é o embotamento frente à distinção das coisas; não no sentido de que elas não sejam percebidas, [...], mas sim de tal modo que o significado e o valor da distinção das coisas, e com isso das próprias coisas, são sentidos como nulos. Elas aparecem ao *blasé* em uma tonalidade acinzentada e baça, e não vale a pena preferir umas em relação às outras (p. 581).

Segundo Simmel, as individualidades e, consequentemente, as atitudes *blasé*, se tornam mais evidentes nas cidades grandes devido à "*intensificação da vida nervosa*, que resulta da mudança rápida e ininterrupta de impressões interiores e exteriores" (Simmel, 2005, p. 577-578, grifos do autor). Seria, portanto, uma consequência psicológica que se manifesta como uma forma de defesa do citadino frente a todo estímulo, dinamismo e forças ambientais da vida na metrópole. O sociólogo ressalta, ainda, o papel da questão monetária, afirmando que o caráter *blasé* é tanto a defesa como resultado do que é construído a partir das relações que, por sua vez, são prioritariamente mediadas pelo dinheiro em detrimento de uma real preocupação com o outro.

Para exemplificar ao que estava se referindo, Moustafa me contou sobre uma ocasião, quando ainda vivia em Mahalla, na qual ele entrou em atrito com um vizinho que havia improvisado uma fábrica de toalhas de mesa bordadas na garagem de sua própria casa. Por conta de uma ação do governo para diminuir o consumo de luz durante o dia, a tarifa ficava mais barata a noite. Com isso, o vizinho colocava a máquina para funcionar de madrugada, gerando barulho e um grande incômodo na vizinhança. Sem conseguir dormir direito por causa do barulho, chamou o vizinho para conversar, mas não obteve sucesso. Chegou a ponto de ameaçar chamar a polícia. Até que um dia o vizinho convidou Moustafa para sua casa e explicou porque estava colocando a máquina para funcionar à noite (devido à tarifa mais baixa), e contou sobre a situação difícil pela qual estava passando. Sua filha mais nova estava muito doente e precisava de cuidados especiais, o que demandava um dinheiro que ele não possuía naquele momento. A fim de conseguir cuidar da filha de forma adequada, trabalhava durante o dia e, à noite, colocava a máquina para funcionar. Pediu desculpas para Moustafa e disse que estava se esforçando o máximo para resolver essa questão o quanto antes, pois também era do seu interesse, já que queria ver sua filha com saúde novamente.

Moustafa se sentiu sensibilizado com a situação do vizinho e passou a ter mais tolerância em relação ao barulho, além de ter se mobilizado para buscar, junto à vizinhança, alguma forma de ajudar a pequena vizinha doente: "*Nós brigamos, mas nos ajudamos. O profeta disse que devemos cuidar uns dos outros, que devemos ser bons para nossos vizinhos também*", disse Moustafa. Por fim, comparou com a vida no Cairo, afirmando que, ali, a vida corrida e o excesso de preocupações não permitiam que as pessoas se preocupassem tanto assim umas com as outras e, provavelmente, não haveria tal tolerância com o vizinho.

No entanto, toda essa proximidade e solidariedade entre eles não pode ser vista a partir de um olhar ingênuo. A preocupação do vizinho em não incomodar Moustafa e outros moradores extrapola a simples solidariedade — o que não significa afirmar que ela não exista. Uma comunidade de afetos se caracteriza também pelas tensões que a permeiam. Por ser uma sociedade face a face, não fazer parte desse círculo de solidariedade e ajuda mútua tende a gerar um sentimento de rejeição e não pertencimento naquele que tem um comportamento fora do esperado. Dessa forma, assim como Koury sugere, "é preciso enxergar para além das fronteiras da ação solidária em que se construiu a cultura emotiva da comunidade de afetos local" (2018, p. 85). Desse modo, com o intuito de estabilizar o sentimento de integração existente, e que é expresso na e pela cultura emotiva local, Moustafa e seu vizinho chegaram a um acordo, ainda que informal. A solidariedade, por sua vez, leva a um sentimento de dívida que tem relação com a dádiva da tolerância e dos acordos realizados.

Mauss (2003), ao estudar sobre sistemas de trocas entre povos da Polinésia, afirmou que

> Nas economias e nos direitos que precedem os nossos, nunca se constatam, por assim dizer, simples trocas de bens, de riquezas e de produtos num mercado estabelecido entre os indivíduos. Em primeiro lugar, não são os indivíduos, são coletividades que se obrigam mutuamente, trocam e contratam; as pessoas presentes ao contato são pessoas morais: clãs, tribos, famílias [...]. Ademais, o que eles trocam não são exclusivamente bens e riquezas, bens móveis e imóveis, coisas úteis economicamente. São, antes de tudo, amabilidades, banquetes, ritos, serviços militares, mulheres, crianças, danças, festas, feiras [...]. Enfim, essas prestações e contraprestações se estabelecem de uma forma sobretudo voluntária, por meio de regalos, presentes, embora elas sejam no fundo rigorosamente obrigatórias [...]. Propusemos chamar tudo isso o *sistema das prestações totais* (p. 190-191).

Esse *sistema das prestações totais* apontado por Mauss (2003) remete a três ações que possuem caráter voluntário, mas que, ao fim e ao cabo, são obrigatórias: a tríade dar, receber, retribuir. Cada uma dessas ações constrói reputações, cria laços e fortalece a coesão social, e isso ocorre porque há uma força, uma expressão simbólica que extrapola a coisa dada, que tem associado a si o prestígio daquele que doa. Percebe-se que as dádivas não são pensadas em termos meramente utilitaristas, mas sim a partir da noção de alianças que, por sua vez, são perpassadas por elementos de prestígio e honra, ou seja, de reputação. Há, portanto, um aspecto produtor de sociabilidade no constante dar e receber.

As mesmas características em relação a Mahalla, que são colocadas como aspectos positivos para Moustafa, podem ser consideradas negativas para outros interlocutores, como é o caso de Yehia, que, por conta de como se dão as dinâmicas interacionais em sua cidade natal e da forte ênfase nas reputações baseadas no sobrenome familiar, estava vivendo sua vida de forma mais satisfatória como um anônimo na capital do país. Aquele, por sua vez, sentia uma espécie de nostalgia da comunidade e não via o anonimato como um benefício, pelo contrário, era um peso que naquele momento ele precisava carregar.

2.3 A LIBERDADE DO ANONIMATO

Simmel (2005) trabalha em uma perspectiva que coloca em oposição a vida nas grandes cidades e a vida no campo. Aqui, a distinção não é exatamente essa, tendo em vista que Mahalla também é uma cidade grande, especialmente se pensarmos em termos de variados estímulos, um dos elementos centrais na análise simmeliana. No entanto, Cairo apresenta uma diversidade de estruturas físicas e sociais que a torna uma cidade cosmopolita na qual há uma predominância da racionalidade que, por sua vez, "se ramifica em muitas direções e se integra com numerosos fenômenos discretos" (Simmel, 2005, p. 12). Por conta disso, nas grandes cidades, as relações são mais efêmeras, as pessoas se conhecem menos, os laços de parentesco são enfraquecidos, e as relações interpessoais são mais fragmentadas. Enquanto para Moustafa isso era um problema, para Yehia era solução.

A família ElSharb, por possuir certa reputação, todos aqueles que estavam de alguma maneira a ela vinculados — e eu me incluo — precisavam representar um papel condizente com a posição da família no seio do grupo social. Não é por acaso que Yehia se mudou para o Cairo, onde poderia performatizar masculinidades outras que não necessariamente seriam bem-vistas em sua cidade natal.

No Cairo, Yehia trabalhava em um escritório de contabilidade e tinha uma vida simples, porém confortável. Marcela, sua esposa, às vezes conseguia algum trabalho temporário como esteticista em salões de beleza na região de Maadi. Yehia nunca havia saído do país, mas gostava muito de viajar pelo Egito e conhecer pessoas de diferentes lugares. Não por acaso, o casal possuía um perfil no Couchsurfing, o que possibilitava esse intercâmbio cultural sem sair do país. Era bastante apegado à família: sempre que podia, ia a Mahalla visitar os pais, irmãos e amigos. No entanto, o estilo de vida da cidade não o agradava. Segundo Yehia, desde criança ele desejava sair dali, conhecer outros lugares e modos de vida, pois o que conhecia não o agradava completamente. Ele se sentia um inadaptado, para usar o termo de Mead (2013).

A gota d'água para Yehia foi quando a mãe começou a pressioná-lo para se casar com alguma moça da região, alegando que ele já tinha idade para constituir família. Embora desejasse se casar, aos 20 e poucos anos ele tinha outros planos, como estudar, viajar, se estabelecer financeiramente e ter sua própria casa (Yehia não gostava da vida em comunidade e da falta de privacidade que uma casa de família proporcionava). Além disso, ele não queria, de forma alguma, se casar com uma mulher de Mahalla, pois a família da esposa poderia exigir que, pelo menos no início do casamento, o casal se estabelecesse por perto. Continuar em Mahalla, para ele, não era uma opção.

Yehia é muçulmano e se considera praticante, ainda que seus irmãos critiquem sua falta de comprometimento com a religião. Não foram poucas as vezes em que escutei lamentos de diferentes membros da família ElSharb em relação à falta de religiosidade de Yehia. Esse foi mais um incentivo para deixar Mahalla: no Cairo, como um anônimo, ele pode até ser julgado em diferentes contextos e interações, mas não carrega o peso social do sobrenome ElSharb. As expectativas e cobranças são outras e, em muitos casos, até mesmo inexistentes. De qualquer forma, quando ia a Mahalla — o que era bastante frequente —, Yehia precisava estar disposto a ser percebido a partir do papel que ali lhe cabia, o de um membro da família ElSharb.

Quando estava no Cairo, parecia se sentir mais à vontade para falar sobre seu futuro. Filhos, por exemplo, não estavam nos planos de Yehia e Marcela nem tão cedo. Eles queriam melhorar a vida financeira e gostariam de viajar para fora do Egito, conhecer muitas pessoas e lugares diferentes, aproveitar a vida, enfim. Somente depois viriam os filhos. Todas as vezes em que ia a Mahalla, o casal era pressionado sobre quando teriam filhos, pergunta que claramente os incomodava.

Além disso, havia a questão da religião e do entendimento sobre o que é o amor. Em Mahalla, havia uma cobrança muito grande por parte da família para que os filhos se casassem com mulheres também muçulmanas, de preferência egípcias. Se fossem de alguma família conhecida da região, melhor ainda, pois seria possível saber se possuíam boa reputação. Não conheci nenhum caso de casamentos realizados sem a total aceitação de ambos os lados. No entanto, é bastante comum que as famílias busquem pretendentes para seus filhos e filhas entre sua rede de relações, e muitos casamentos nascem desse processo.

Em Mahalla, a noção de amor se baseia em uma perspectiva segundo a qual esse sentimento será construído no decorrer do matrimônio. Segundo Mahmoud, a paixão não é um sentimento bom, pois não permite que as pessoas enxerguem as situações com clareza, e geralmente os casamentos não dão certo quando são baseados nesse sentimento. Por isso, para além de questões morais e religiosas em relação à castidade, o ideal é que os casais não tenham contato físico antes do casamento para que essa paixão não seja despertada. A importância do envolvimento das famílias de ambos nas negociações em torno de um possível casamento está justamente em tratar questões mais objetivas e relevantes com base na razão. O amor, fator igualmente relevante, viria depois, construído no dia a dia do casal.

Lobato (1994) faz um contraponto entre a ideia de amor em uma perspectiva individualista e a noção deste sentimento em sociedades nas quais o social se sobrepõe aos desejos individuais. Enquanto, no primeiro caso, o amor é domesticado, ou seja, pensado como um sentimento selvagem que tem origem no íntimo do indivíduo e que precisa ser transformado em um sentimento dócil e desejável; no segundo é disciplinado, no qual "a selvageria do amor passional, imprevisível e arbitrária é pensada como devendo ser, em princípio, necessariamente contida, controlada" (Lobato, 1994, p. 50) para a manutenção da ordem social.

> Os amores domesticados, do qual o romântico é uma de suas manifestações, diferem dos disciplinados [...], não pela espécie de sentimento expresso, mas pela glorificação e legitimação dada em grau maior ou menor ao poder subversivo da paixão, à capacidade dessa de ligar imprevisível e arbitrariamente aqueles que se amam apaixonadamente, independente de deveres e lealdades político-familiares (Lobato, 1994, p. 199).

Yehia estava em uma posição bastante incômoda, pois valorizava a opinião de seus pais e irmãos, mas entendia essa postura familiar como uma intromissão que ele não queria para sua vida. Sua questão ia além: ele queria se casar com alguém por quem se sentisse apaixonado, concepção de amor que ia contra os valores gerais do grupo do qual fazia parte, em especial sua própria família. Seu irmão mais velho, Moustafa, já havia sido casado duas vezes com mulheres estrangeiras, o que acabou abrindo caminho para que ele também buscasse uma esposa de fora do seu país. No entanto, enquanto Moustafa viveu com suas esposas em Mahalla, Yehia preferiu viver com Marcela no Cairo. Isso ocorreu não somente por todos os motivos até agora apresentados, que têm ligação com a própria vontade de Yehia de não viver mais em Mahalla, mas também por Marcela, pois ele entendia que ela não se acostumaria com o estilo de vida por lá, especialmente com a rotina de uma casa de família.

Embora sempre ressaltasse o orgulho por suas origens, Yehia costumava dizer que no Cairo ele não era um ElSharb, era simplesmente Yehia. Na capital, mesmo que pessoas pudessem julgá-lo por variados motivos e situações, a pressão a que era submetido era diferente, já que ali ele era percebido como um indivíduo, e não como uma *pessoa* dotada de determinada reputação. Para Yehia, portanto, o anonimato significava uma liberdade que ele não vislumbrava em Mahalla, onde se sentia um inadaptado (Mead, 2013).

Mesmo não se sentindo plenamente pertencente àquela comunidade face a face, preferindo a liberdade do anonimato, Yehia não buscava performatizar masculinidades outras quando ia a Mahalla. Sempre surgia o assunto do quanto ele era diferente dos irmãos em relação ao apego à família e do quanto estava perdido religiosamente. Ele parecia não se importar. Certa vez, me disse que estava acostumado e que aprendera a lidar com a situação, pois amava sua família, não queria brigar com eles por conta desses falatórios e acabar tendo que se afastar.

Existem, no entanto, situações nas quais a liberdade que vem com o anonimato toma outras dimensões, como é o caso dos interlocutores que mudaram a forma que lidavam comigo ao mantermos contato por meios virtuais. Enquanto estava presencialmente em Mahalla, fui vinculada, de certa forma, à família ElSharb, o que me colocou em uma determinada posição na ordem social. Com isso, a reputação dos ElSharb recaiu também sobre mim, norteando as relações que estabeleci na região. Quando iniciei o trabalho de campo em ambientes virtuais, alguns daqueles homens que pessoalmente mal olhavam nos meus olhos ao falar comigo, passaram a ter posturas completamente diferentes, como tentativas de flertes, chamadas de vídeo inconvenientes, envio de fotos pessoais sem que eu tivesse solicitado, entre tantas outras situações descabidas e que precisei de muito jogo de cintura para levar a pesquisa adiante.

Percebe-se que, a depender do cenário, do contexto e dos atores sociais envolvidos, as masculinidades podem ser performatizadas de diferentes formas. Esses homens, que performatizavam outras masculinidades no contato comigo nas redes sociais, o faziam fora de sua comunidade de afetos, o que significa que aquelas atitudes não estavam sob o jugo dos valores morais do grupo. Além disso, passei a ser alguém de fora, não mais vinculada à família ElSharb. Éramos, portanto, todos anônimos em termos de reputação, fazendo com que eles se sentissem livres para performatizar masculinidades outras que no seio do grupo não seriam bem aceitas, como vimos no caso de Azim. Esses homens eram a mesma pessoa, com a mesma fachada, mas, ao mudar o espaço e a audiência, mudaram-se também as representações dos atores sociais, que passaram a apresentar diferentes performances de masculinidades.

3

PERFORMATIZANDO MASCULINIDADES, CONSTRUINDO REPUTAÇÕES

No capítulo anterior, vimos como os diferentes contextos e interações influenciam a forma como se dão as performances de masculinidades. Tendo como horizonte essas análises sobre os espaços e audiências, agora o intuito é buscar apreender quais são os elementos centrais a partir dos quais as reputações masculinas são construídas em Mahalla e, consequentemente, como esses homens se constituem e se apresentam enquanto tais perante os outros a fim de serem considerados "homens de verdade".

A partir do entendimento que a família é uma instituição central na vida de todos os meus interlocutores, percebeu-se que a concepção do que é ser um "homem de verdade" necessariamente perpassa os modos como performatizam suas masculinidades no seio familiar. Dessa forma, as análises apresentadas a seguir consideraram especialmente as dinâmicas familiares, sem, no entanto, perder de vista práticas outras performatizadas diante de pessoas de fora desse círculo mais íntimo.

Pude constatar que, para que esses homens fossem reconhecidos e reputados como tais, era valorizado seu papel de autoridade perante a família, que tem relação direta com o dever de sustentá-la e se sacrificar por ela; a capacidade de ter filhos, assim como a questão da provisão, como forma de demonstração de virilidade; e a obrigação de cuidá-la e protegê-la, que remete aos laços de sangue e sobrenome que, por sua vez, possuem uma reputação a zelar.

3.1 AUTORIDADE E SACRIFÍCIO

Era 12 maio de 2020, segundo mês de pandemia da Covid-19. O medo estava instaurado, e a recomendação era para que as pessoas saíssem de casa somente para questões fundamentais. Mesmo com todos os cuidados e cumprindo as regras, peguei a doença em meados de abril do mesmo ano. Embora não tivesse apresentado sintomas graves, foi um grande susto. Então, naquele dia, ainda estava me recuperando física e emocionalmente do episódio.

Eu estava deitada assistindo à TV quando meu celular tocou. Era Sarah, que me ligava pelo WhatsApp. Fiquei intrigada, pois raramente isso acontecia. Conversávamos sempre, porém por meio de mensagens de texto pelo WhatsApp e, eventualmente, pelo Messenger. De qualquer forma, não perderia essa oportunidade de ser colocada em campo, ainda que repentinamente. Atendi a ligação e fiquei preocupada: Sarah estava com uma voz estranha, que me deu a sensação de tristeza. Naquela conjuntura, e ainda me recuperando, não poderia pensar em outra coisa senão que alguém da família havia pegado Covid-19 e que algo pior poderia ter acontecido.

Não foi fácil conversar com Sarah pelo celular, por conta do seu nível de inglês. Pessoalmente a conversa fluía um pouco melhor, pois, além de ter a possibilidade de Sarah recorrer ao próprio celular para buscar palavras pontuais no tradutor, as expressões faciais e mímicas sem dúvidas auxiliavam na comunicação. Em uma ligação, havíamos perdido essas ferramentas. Apesar das dificuldades, conseguimos manter um diálogo.

Depois de me acalmar, dizendo que todos estavam bem de saúde, Sarah disse que, um pouco mais cedo, na hora do *iftar*, ela e a família conversavam sobre o *Eid al-Fitr* daquele ano, que seria diferenciado por conta das circunstâncias. Por isso, ela estava triste. Até que surgiu meu nome na conversa, e todos lamentaram que eu não havia retornado ao Egito e não tinha previsão para que isso acontecesse. Ela disse que sentia minha falta e resolveu me ligar. Não conversamos por muito tempo, justamente por causa de sua dificuldade em falar inglês de forma mais fluida, mas até que conseguimos nos comunicar razoavelmente.

Como estávamos em pleno *Ramadan*, perguntei como estava sendo o mês sagrado em tempos de pandemia. Ela disse que, apesar das restrições impostas pelo governo, havia muitas pessoas nas ruas durante o dia, mas à noite ficavam em casa, já que o governo egípcio havia decretado toque de recolher a partir das 21 horas. Falamos também sobre seus pais, irmãos e filhos. Estavam todos bem e seguros em casa. No entanto, ela ressaltou que havia uma enorme preocupação em torno da questão financeira, pois a pandemia levou a uma grande insegurança. Nesse momento, ela comentou brevemente sob seu marido, Abdo, e disse que ele havia conseguido, por intermédio de um amigo, um emprego no Kuwait para trabalhar na construção civil. Sarah me disse que, apesar de saber que sentiria falta do marido, estava feliz por ele ter conseguido um emprego que pagasse bem; sua esperança era ele retornar depois de dois anos com uma boa reserva. Porém, por conta da pandemia, os contratos foram suspensos por tempo indeterminado, por isso ele não viajaria mais.

Sarah disse que Abdo, assim como toda família, ficou muito feliz com a notícia de que passaria pelo menos dois anos trabalhando no Kuwait. O casal já estava planejando iniciar a construção de sua própria casa ou a abertura de um negócio próprio, mas os planos foram frustrados.

A alegria em torno do emprego de Abdo no Golfo tem uma razão. Quando Abdo foi com seus pais pedir a mão de Sarah em casamento, a família dele não tinha condições de providenciar a moradia para os noivos, mas convidou Sarah para viver junto a eles, como é o esperado de acordo com os costumes locais. Sendo a família dele de boa reputação, os pais de Sarah concordaram com o matrimônio, mas exigiram que o casal fosse morar no apartamento do segundo andar na casa da família ElSharb. Abdo e seus pais concordaram com a proposta. Pouco tempo depois, eles ficaram noivos e, em seguida, se casaram.

Na época, Abdo trabalhava em uma fábrica de tecidos (Mahalla é uma das cidades egípcias com indústria têxtil mais desenvolvida). Seus rendimentos não eram muito altos, porém o suficiente para sustentar a família. Sarah estava finalizando seus estudos para ser professora de árabe na educação infantil. Mesmo depois de formada, ela se dedicou exclusivamente aos cuidados da casa e da família, e essa situação perdurou por anos. Eles já tinham os três filhos quando Abdo foi demitido e, desde então, não conseguiu uma recolocação. Com as dificuldades financeiras que a família enfrentava, Sarah começou a trabalhar como professora de árabe em uma escola pública próxima de casa.

Quando cheguei a Mahalla em 2018, foi esse o cenário que encontrei: Abdo desempregado, Sarah trabalhando como professora com uma remuneração baixa, e a família dela ajudando financeiramente no que fosse necessário, principalmente para as necessidades dos três filhos do casal. Para Aisha, Ibrahim e Faruk nada faltava. Os meninos, inclusive, estudavam em uma escola privada internacional com ensino bilíngue (árabe-inglês). A menina estudava em uma escola pública, mas era bastante proativa e estudava inglês sozinha pelos livros dos irmãos. Seu tio Mahmoud, fluente em inglês, a ajudava. Quando questionei o motivo dessa diferenciação na educação, a resposta foi que os meninos, ao se tornarem adultos, precisariam assumir o sustento da família, enquanto a menina teria o direito de ser sustentada. O investimento feito para ela era uma espécie de poupança para os gastos com seu futuro casamento. No entanto, Aisha era muito incentivada a estudar, e seus pais acompanhavam de perto sua performance escolar. Seus resultados, sempre excelentes, eram comemorados por toda família, com direito a bolo e refrigerante. Todos a motivavam a ter sonhos profissionais, desde que não atrapalhasse os planos de um futuro casamento. Conversei algumas vezes com Aisha sobre seus planos para o futuro, e ela disse que não sabia ainda o que queria cursar na faculdade, mas que certamente entraria para uma. Durante a realização desta pesquisa, recebi a notícia de que ela fora aprovada para a Faculdade de Artes na Universidade de Tanta. Claro, houve muita comemoração na família.

Durante o tempo em que estive em Mahalla, pude perceber que a vida de Abdo, assim como a de muitos outros homens, não seguia exatamente aquele script do homem provedor. Sem ter acesso a ele, que pouco falava comigo, perguntei a Mahmoud se seu cunhado se sentia desconfortável com sua situação, isto é, viver na casa da família da esposa e ainda precisar de sua ajuda financeira.

Segundo Mahmoud, o fato de Abdo morar na casa de sua família não era uma grande questão. Com o aumento do desemprego, os salários baixos e as dificuldades enfrentadas pelas famílias egípcias de forma geral, estava se tornando cada vez mais comum os homens irem morar nas casas de família das esposas. No entanto, o fato de o cunhado estar desempregado e — mais do que isso — ser sustentado pela esposa e sua família o colocava em uma posição delicada, pois isso, de certa forma, poderia minar sua autoridade sobre a própria família.

Esse papel de autoridade do homem no âmbito familiar nos leva novamente a pensar sobre a noção de pessoa. Como vimos anteriormente, tal termo remete à preeminência dos laços de sangue no estabelecimento de reputações comuns para aqueles de uma mesma linhagem. Reputações essas que influenciam as relações com as outras pessoas que, por sua vez, carregam suas devidas reputações. Porém, há um segundo nível, no qual há uma hierarquização interna que, no presente caso, tem como base a dicotomia masculino-feminino. É possível perceber, tal como afirma Dumont (2008), que existe unidade no primeiro nível e diferenciação no segundo. Essa configuração remete ao que Dumont (2008) chamou de englobamento do contrário, que envolve uma relação entre os dois níveis, com o primeiro englobando o segundo.

A família, portanto, representa uma unidade em torno da qual os indivíduos são constituídos como pessoas no meio social. Nesse nível, não há diferenciação entre homens e mulheres no que tange às reputações atribuídas de acordo com o sobrenome que carregam. No segundo nível, a esfera da casa, existe hierarquização entre os gêneros, na qual espera-se que o homem seja o chefe da família. Essa hierarquia parte do pressuposto de que existe uma complementariedade entre as partes assimétricas do sistema — masculino e feminino — que se conformam na totalidade — a família. O que podemos perceber é que esse sistema de pessoas que se concebem como complementares, ao mesmo tempo, iguala em um plano e hierarquiza no outro (DaMatta, 1997). A despeito de existir essa relação dicotômica entre masculino e feminino no segundo nível, a ideia de complementariedade proporciona a unidade no âmbito familiar. É interessante notar que:

> Vocês poderiam muito bem declarar que os dois sexos são iguais, mas, quanto mais vocês o fizessem, tanto mais destruiriam a unidade entre eles (no casal ou na família), porque *o princípio dessa unidade está fora deles* e porque, *como tal, ele os hierarquiza necessariamente um com relação ao outro* (Dumont, 2008, p. 370, grifos do autor).

Tudo isso ajuda a pensar em como Sarah, com o respaldo de sua família, lidava com a situação de seu marido. Depois de algum tempo que cheguei a Mahalla, ficamos próximas, e ela, apesar de ter alguma dificuldade para se comunicar em inglês, fazia questão de conversar comigo. Um dia eu estava contando sobre como funcionam, em geral, os relacionamentos no Brasil (ela demonstrou grande estranhamento e muita curiosidade) e, em dado momento, acabei me sentindo à vontade de perguntar sobre o casamento dela. Em suma, ela disse que Abdo estava oficialmente desempregado há algum tempo, e, como a situação econômica do país vinha se agravando nos últimos anos, ele não conseguiu se recolocar no mercado de trabalho. Perguntei se ele fazia alguma tarefa doméstica, já que era ela quem trabalhava fora e colocava dinheiro dentro de casa. Nesse momento ela me olhou assustada, como se não tivesse entendido muito bem a pergunta. Perguntei novamente, em um inglês mais pausado. Ela, de pronto, disse: "claro que não", com uma voz firme e expressão facial de quem não havia entendido o motivo da minha pergunta. Tive receio de ter sido invasiva ou inconveniente, mas, antes que eu falasse qualquer outra coisa, Sarah disse que jamais colocaria o marido em uma "situação como esta". Na mesma hora fiquei pensando o que seria uma "situação como esta"?

Criei coragem e perguntei o que ela estava querendo dizer com aquilo. Por conta da barreira linguística, nossa comunicação era limitada, e em alguns momentos não conseguíamos nos entender muito bem. Geralmente seu filho mais velho, Ibrahim, que estudava em uma escola privada bilíngue, fazia a intermediação para nos ajudar. Contudo, no caso de uma conversa que tratava de aspectos tão privados da vida do casal, certamente não seria adequado chamá-lo. Enfrentamos os obstáculos e, com a ajuda de um aplicativo de tradução, fomos em frente.

Sarah explicou que Abdo era um ótimo marido, que tratava muito bem a ela e aos filhos. Em sua percepção, ainda que naquele momento não tivesse condições de prover a família, ele era um *dakar*, um "homem de verdade", o chefe da família. Ela disse que, desde o início do casamento, Abdo renunciou a muitas coisas, como o fato de ter aceitado viver na casa da família dela, mesmo sabendo que isso poderia ser intimidador para ele[11].

A ideia inicial era o casal se estabelecer financeiramente e depois mudar para um apartamento deles, mesmo que fosse alugado. Porém, os planos não saíram conforme o previsto. Abdo não conseguiu crescer profissionalmente e, para agravar ainda

[11] Durante todo o período em que Sarah esteve noiva, os irmãos, assim como o pai, fizeram questão de estarem sempre por perto. Havia, portanto, a real possibilidade de Abdo perder sua autoridade como marido devido à intervenção de sua família nas questões privadas do casal. Isso já era uma preocupação que existia antes de eles se casarem, ou seja, a perda de autoridade, aqui, não tem ligação com os problemas financeiros que atingiriam o casal.

mais a situação, ficou desempregado. Ele ainda conseguiu prover a família por alguns meses, devido às economias que havia guardado. Quando o dinheiro chegou ao fim, ficou totalmente dependente da esposa e da família dela que, segundo Sarah, nunca o tratou diferente por conta disso, sempre o respeitando como um *dakar*. No entanto, Sarah reconhecia que, aos olhos da vizinhança, Abdo não era bem-visto, pois ali as notícias corriam rapidamente, e todos sabiam que ele não possuía nenhuma fonte de renda no momento. Sem capacidade de ser provedor, sua posição enquanto um "homem de verdade", um *dakar*, poderia ser colocada em xeque.

Sarah, então, encontrou uma solução, mesmo que temporária, para fazer com que Abdo se sentisse um homem, nos termos que aquele grupo social esperava que um homem fosse. Ao receber seu salário como professora, ela o dava todo nas mãos do marido para que ele administrasse. Assim, mesmo sem trabalho, ele poderia ao menos se sentir como o provedor. Certamente isso não resolvia o problema, pois, no que tange à construção de reputações, o relevante é a performance pública, não somente a esfera privada, mas ela dizia fazer sua parte enquanto esposa para amenizar a angústia do marido. Em relação às tarefas domésticas, disse que, se exigisse tal coisa, faria com que ele se sentisse ainda mais diminuído, não só perante a família, mas principalmente diante dos vizinhos, já que provavelmente alguém ficaria sabendo e espalharia a notícia. O discurso de Sarah leva ao entendimento de que seu marido seria emasculado em determinado âmbito por não ter capacidade de prover a família; o que seria levado a outro patamar, caso ele assumisse os cuidados com a casa e com os filhos, correndo o risco de destruir completamente sua reputação enquanto homem.

O discurso de Mahmoud sobre seu cunhado era semelhante ao da irmã. Contudo, diferente dela, ele não considerava Abdo *dakar*, uma vez que, em seu entendimento, ele não tinha condições de prover o sustento de sua família. Portanto, não tinha autoridade sobre ela. Assim, seria um *Ibn balad*, que tem um significado positivo, porém com algumas especificidades. Segundo Mahmoud,

> *Dakar significa que ele é um homem de verdade que sabe se defender, que defende e protege sua família, tem ciúmes de sua família, de sua esposa, age corretamente em situações difíceis... também com seus amigos, e assim por diante. Ibn balad é parecido, mas um pouco menos. Um Ibn balad é aquele homem que você pode encontrar sempre que precisar de ajuda ou em qualquer outra situação. Por exemplo, você pode dizer que eu sou Ibn balad pra você, porque sempre que você precisa de mim eu estou aqui pra te ajudar. Mas você não pode me chamar de dakar, porque não tivemos aquelas situações. Dakar tem a ver principalmente com dignidade, ciúme, família, provisão... esses pontos delicados que envolvem relacionamentos muito próximos e íntimos.*

As decisões de Sarah em relação ao marido têm ligação direta com a questão das hierarquizações no interior do sistema familiar. Sendo o homem aquele que precisa ocupar um papel social específico, assumindo certos direitos e deveres que remetem aos significados de ser homem, Sarah agiu de forma a demonstrar sua total adesão aos valores do sistema e seu esforço para manter, na medida do possível, sua coerência e, com isso, resguardar a reputação não só de seu marido, como também de toda sua família. Assim, ela buscava resolver a contradição implementada quando eles subverteram, de certa forma, as convenções sociais e foram morar com sua família ao invés de viver com a família dele. Ao mesmo tempo que cuida da reputação familiar, que não é estável e precisa constantemente ser reivindicada, ela protege o marido e sua masculinidade, privando-o da vergonha e humilhação de assumir o desonroso papel de mulher.

Jamal[12], egípcio de Mahalla que vivia na Eslovênia, não estava desempregado como Abdo, mas o entendimento sobre os significados de ser um "homem de verdade" caminhava na mesma direção. Vivendo na Europa longe de sua família e de sua

[12] Homem de 30 anos, casado, dois filhos. Vivia na Eslovênia, país de sua esposa, que também era muçulmana.

comunidade afetiva, sentia muita falta dos seus e lamentava o fato de os filhos estarem crescendo sem ter contato mais estreito com sua cultura. A fim de manter esse vínculo étnico, só conversava com os filhos em árabe, além de sempre ensinar algo sobre seu país. No entanto, não acreditava que era o suficiente: seu grande sonho era retornar ao Egito e criar seus filhos ali, perto de sua família. Sua esposa resistia à ideia, pois, assim como ele, queria ficar perto dos seus familiares, além de acreditar que continuar na Europa era melhor para as crianças.

Mesmo com diploma universitário, Jamal trabalhava na Eslovênia como operário em uma fábrica de equipamentos para prática de esqui. Sentia-se completamente insatisfeito, mas agradecia por pelo menos estar empregado e ser capaz de prover sua família. Esse ponto para ele era bastante importante. Trabalhava em regime de turnos, então, a cada semana, atuava em um horário diferente. Reclamava muito que isso o deixava bastante cansado, já que não conseguia ter um sono de qualidade, mas, ainda assim, buscava sempre dedicar tempo a seus filhos e sua esposa.

Sanela, esposa de Jamal, trabalhava como recepcionista em um hotel da região e, dependendo da escala, às vezes precisava trabalhar aos finais de semana. Nessas ocasiões, as crianças ficavam com os avós maternos para que ambos pudessem trabalhar. Jamal não gostava de deixar as crianças muito tempo com seus sogros, pois, em seu entendimento, eles não cuidavam delas direito (davam doces, deixavam muito tempo em frente à televisão etc.). Assim, depois do trabalho, geralmente ele as buscava e levava para casa, cuidando delas até sua esposa chegar e assumir o posto. Durante a semana, eles se ajudavam na organização da casa e nos cuidados com os filhos, de 4 e 3 anos de idade. De fato, a rotina não parecia muito fácil para o casal.

Quando perguntei a Jamal se não era melhor ele descansar antes de pegar as crianças, já que trabalhava demais, sem um horário definido e com poucas folgas, ele respondeu que não se importava de fazer tal sacrifício por seus filhos. Queria vê-los crescendo saudáveis e bem-educados, e, segundo ele, seus sogros, até devido à idade, não tinham paciência para cuidar das crianças como ele acreditava ser o adequado.

Um dia Jamal me ligou para contar que havia conseguido um emprego no Cairo, com a ajuda de um antigo colega de trabalho. Ele estava radiante e fazendo muitos planos, pois finalmente seus filhos cresceriam de acordo com a cultura egípcia, de que ele tanto sentia falta. Na ocasião, abriu a câmera rapidamente para mostrar a felicidade das crianças: elas realmente pareciam muito animadas com a ideia de viver no país natal de Mohamed Salah, jogador de futebol que aprenderam com o pai a se tornarem fãs.

Contudo, aquela alegria não duraria muito tempo. Cerca de duas semanas depois, recebi uma mensagem de Jamal, na qual ele dizia que havia desistido. Disse que conversara com a esposa, que aceitou a mudança, mas, segundo ele, percebeu no olhar dela que seria um sacrifício viver em um país tão diferente do seu. Pensou também na dificuldade de adaptação dos filhos, que estavam acostumados ao estilo de vida daquela pacata cidade no interior da Eslovênia.

> *Eu estava sendo egoísta, estava pensando só em mim. As crianças ficaram felizes porque elas não sabem como é a vida no Egito. Elas adoram passear no Egito, mas será que elas iam gostar de viver lá? Elas nunca foram pra lá no verão... será que elas aguentariam o calor? Aqui na Eslovênia as crianças têm creche quase de graça, vão ao médico... no Egito vou ter que pagar caro pra que minha família possa ir em bons médicos. Você já esteve lá, sabe do que eu estou falando. Você vai em um hospital público e sai mais doente. Não posso fazer isso com Sanela e com as crianças* (Jamal).

Sua família no Egito não compreendeu sua decisão de ficar na Eslovênia e não acreditou quando ele colocou suas motivações. Segundo Jamal, suas irmãs chegaram a afirmar que ele havia perdido sua autoridade como chefe de família, insinuando que Sanela o havia manipulado em sua decisão. Para evitar brigas — apesar das acusações, não queria desentendimentos com suas irmãs —, Jamal não se importou e disse que esperaria tudo se acalmar para conversar novamente com sua família no Egito. Por mais difícil que fosse contrariar a mãe e as irmãs, sua decisão estava tomada: "*um homem tem que ser forte por sua família, tem que cuidar da sua esposa, cuidar dos seus filhos... tem que pensar no que é melhor pra eles*". Para isso, Jamal estava disposto a abrir mão até mesmo de seus sonhos.

Nota-se que a mesma atitude de Jamal — decidir continuar na Eslovênia — teve repercussões diferentes a depender da audiência. Suas irmãs perceberam a performance do irmão sob um olhar reprovador, pois, para elas, Jamal teria se deixado levar pela esposa e, por isso, foi visto como um homem fraco e sem autoridade. Em contrapartida, no seio de seu núcleo familiar mais estreito — esposa e filhos —, ele passou a ser ainda mais valorizado enquanto homem, pois tomou a difícil decisão de renunciar às suas próprias vontades pensando no bem da família.

Jamal disse que sua atitude fez com que sua esposa o respeitasse ainda mais como homem, como marido, pai, como *dakar*, enfim, o que ela teria verbalizado. Sanela passou a considerá-lo ainda mais digno de respeito e admiração, pois ele agiu como um homem corajoso que "*toma decisões difíceis para o bem da família*", de acordo com as palavras do próprio Jamal.

A ideia do homem que se sacrifica para ser considerado um "homem de verdade" também pode ser ligada à noção de trabalho, tal como ressaltou Vale de Almeida (1996) em sua análise sobre os homens de uma aldeia no sul de Portugal:

> A noção de trabalho contém igualmente aspectos de sacrifício e risco, ambíguos porque indesejados, mas reforçadores do prestígio de quem passou a provação, num universo cultural em que a masculinidade evoca a força física. O trabalho vê reforçada [...] a sua vertente sacrificial, ao mesmo tempo amedrontadora, indesejável e conferidora de respeito a quem ultrapasse a provação (p. 173).

Não por acaso é bastante comum em Mahalla homens passarem uma temporada no Golfo para trabalhar, ganhar algum dinheiro e, assim, sustentarem suas famílias, como já vimos. Esposa e filhos permanecem no Egito, geralmente sob os cuidados da família do marido, até que ele retorne. Em todo caso, o homem, para ser um *dakar*, precisa estar pronto para assumir o papel de liderança na família, mas também para se sacrificar por ela, seja renunciando a suas próprias vontades ou trabalhando duro ao ponto de ter que ficar um tempo longe dos seus. O sacrifício é, portanto, o ônus que caminha lado a lado com a autoridade que se espera que o homem tenha no seio familiar.

3.2 VIRILIDADES AGONÍSTICAS

Existe outro elemento indispensável para pensar a construção de reputações masculinas em Mahalla. Refiro-me à virilidade que, segundo Bourdieu:

> [...] em seu aspecto ético mesmo, isto é, enquanto quididade do *vir*, *virtus*, questão de honra [...], princípio da conservação e do aumento da honra, mantém-se indissociável, pelo menos tacitamente, da virilidade física, através, sobretudo, das provas de potência sexual – defloração da noiva, progenitura masculina abundante etc. – que são esperadas de um homem que seja realmente um homem. (2011, p. 20, grifos do autor).

Considero aqui virilidade em termos de potência sexual, que, por estar ligada à masculinidade, também se configura como objeto de disputa. Logo, virilidade remete à ideia de eficiência, de serventia, que é medida "quando os demais o veem em ação e podem avaliar sua atuação" (Gilmore, 1994, p. 46). Ou seja: não basta ser homem, tem que mostrar é.

Como essa demonstração de virilidade pode ser levada a cabo em uma sociedade na qual não há o incentivo à competição em torno do número de parceiras sexuais, já que o sexo fora do casamento é considerado imoral e absolutamente proibido? No caso dos homens de Mahalla, a potência sexual era provada a partir da prole. Isso fica mais evidente quando levamos em conta que existe certa pressão familiar — e até mesmo da sociedade como um todo — para que recém-casados tenham filhos o quanto antes. Não raro, o quarto do futuro bebê costuma ser providenciado antes mesmo da cerimônia de casamento, junto com a mobília dos outros cômodos do apartamento onde o casal viverá. Conheci mulheres que engravidaram já no primeiro mês de casamento, e isso era motivo de imenso orgulho para os maridos, pois ter filhos é um aspecto imprescindível para provar aos outros o quanto se é homem, ou seja, é uma demonstração de virilidade. Tal perspectiva é corroborada por Gilmore (1994, p. 51), ao afirmar que a virilidade é provada a partir da "aptidão para a reprodução, quer dizer, engravidar a esposa".

Filhos são altamente desejados, e há grande expectativa em ter pelo menos um menino. No entanto, isso não significa que as meninas são negligenciadas ou não desejadas. De fato, existe uma diferenciação em aspectos da criação de meninos e meninas, conforme apontei anteriormente em relação aos investimentos realizados na educação de Aisha, Ibrahim e Faruk. A importância do filho do sexo masculino caminha no sentido de que somente os homens levam adiante o sobrenome familiar, pois os filhos das mulheres carregarão somente o sobrenome do pai, dando continuidade à outra linhagem. Caso um homem tenha somente filhas, sua linhagem não se perpetuará, pois, como vimos, há uma inter-relação simbólica e objetiva entre sangue e sobrenome.

Sendo a virilidade passível de prova (Gilmore, 1994, p. 35), quanto mais filhos, mais potente sexualmente, mais viril e, portanto, mais homem. Por conta disso, homens sem filhos, estéreis ou não, costumam ser vistos socialmente como coitados, desafortunados, dignos de pena. Guedes (1997, p. 20-21), ao discorrer sobre a construção social de trabalhadores, apresentou a noção de homem incompleto, que se referia ao celibato e à não possibilidade de trabalhar, aspectos fundamentais para a construção do que significava ser homem no contexto etnográfico por ela analisado[13]. Aproprio-me de tal noção para pensar os homens de Mahalla, no sentido de que um homem sem filhos era considerado sexualmente incapaz e, portanto, incompleto.

Nasser, egípcio que vivia no Líbano, país de sua esposa, era um homem nesse perfil. Ele era estéril e, portanto, sem possibilidade de ter seu sobrenome perpetuado. Mahmoud me explicou que ele foi viver no Líbano porque sentia vergonha de não ter capacidade de dar netos para seus pais, mas ia visitá-los todo *Ramadan*. Sendo ele o único filho homem e, por conseguinte, aquele que poderia levar o sobrenome familiar adiante, havia uma expectativa em relação à sua descendência, que jamais viria a existir. A fala de Mahmoud nos leva a refletir sobre o aspecto de incompletude que paira no imaginário acerca de um homem sem filhos. De fato, quando outras pessoas comentavam comigo sobre Nasser, geralmente diziam algo do tipo: "*ele é um bom homem, mas coitado, não tem filhos*", como Sarah disse uma vez em tom de lamento.

O próprio Mahmoud também pode ser pensado sob essa perspectiva. Conversamos bastante sobre suas angústias e frustrações em relação a casamento e descendência. Aos 34 anos, casado duas vezes — e duas vezes divorciado —, ele não havia tido filhos. Lamentava-se muito por isso e dizia que, quando morresse, não teria ninguém para rememorá-lo. Para além de sonhar com uma esposa e uma prole, ele desejava intensamente ao menos um bebê do sexo masculino, porque seu irmão mais velho, Youssef, teve apenas uma filha. Youssef era divorciado e não pretendia se casar novamente; por isso as esperanças de perpetuação do sangue e do sobrenome estavam nas mãos de Mahmoud. Ele se cobrava demais

---

[13] O livro de Guedes (1997) é resultado de uma etnografia realizada em um bairro popular de São Gonçalo sobre a construção social de trabalhadores, na qual foram investigados os modos pelos quais se atualizavam as concepções de homem e trabalhador.

em relação a isso, e sua família também fazia alguma pressão, inclusive tentando articular casamentos arranjados, sem sucesso. Ele falava que estava velho, que precisava se casar urgentemente, pois já havia passado da hora de ter filhos: "*na minha idade eu já deveria ter ao menos três filhos*", dizia. Um dia comentei que ele estava jovem ainda, que no Brasil, em geral, é comum homens e mulheres terem filhos depois dos 30 anos. Ele disse: "*na minha cultura é diferente*" e que sentia muito medo de não ter filhos. Em certa ocasião, comentou que ser pai o faria se sentir homem. Essa percepção acerca de si mesmo, em relação à sua condição de homem sem filhos, tornava Mahmoud também um homem incompleto.

A virilidade, para além da potência sexual, tem também ligação com o fator econômico, e as mulheres são um elemento central nas performances públicas a partir das quais os homens constroem suas reputações. O homem que trabalha duro precisa mostrar os resultados para os outros homens, o que era feito justamente a partir de suas esposas e filhas: quanto mais ouro as mulheres usavam, mais próspero e bom chefe de família era o homem. A mesma lógica pode ser pensada em relação aos casamentos, pois, quanto mais ouro o pai da noiva a presenteasse nessa ocasião, mais mostrava sua prosperidade por meio da filha, não somente reafirmando a reputação familiar, mas também expondo o quanto ele é homem. Indo além, o mesmo caminho nos leva a pensar sobre o dote que o noivo tem obrigação de pagar para a noiva antes da consumação do casamento: quanto mais polpudo, maior é sua prosperidade, sua capacidade de prover, ou seja, mais ele é homem. Essa dinâmica vai ao encontro da perspectiva de Gilmore (1994), segundo a qual a virilidade pode ser expressa a partir da transmissão de acumulação material às mulheres, o que contribui não só para o prestígio familiar, mas também realça a imagem de provedor do homem que presenteia. Assim, entende-se que "a virilidade se mede, em parte, em dinheiro" (Gilmore, 1994, p. 54), que em Mahalla era ostentada por meio das mulheres da família.

A virilidade, portanto, remete à potência sexual e ao fator econômico, estando tais aspectos relacionados. Assim como os andaluzes analisados por Gilmore (1994), os homens de Mahalla exibiam sua virilidade publicamente, já que "ser um homem é uma atividade pragmática e ativa, uma participação no cenário público de ações e atos e de realizações concretas e visíveis" (Gilmore, 1994, p. 46). Assim, a virilidade:

> [...] aparece como uma espécie de agorafilia social, um amor pelos lugares públicos e ensolarados, pelas multidões, pelo palco da vida. Estes contextos abertos se associam não somente com a exposição e a sociabilidade, mas também com o risco e a oportunidade, com a possibilidade de uma grande façanha e de ato público (Gilmore, 1994, p. 48).

Tais atos e realizações concretas remetem às disputas veladas em torno dessa virilidade, cujo objetivo é adquirir boas reputações e, consequentemente, honra. Para tanto, há o desafio de "buscar o 'perfeito', a excelência, bem como o 'autocontrole'" (Corbin; Cortine; Vigarello, 2013, p. 7). Ou seja, o que se busca é tornar-se referência masculina, ser mais homem que os demais homens, enfim.

3.3 QUESTÃO DE HONRA

A associação entre honra e parentesco é outro aspecto social relevante para pensar as construções de reputações masculinas em Mahalla. Essa relação envolve uma série de valores e comportamentos ligados aos direitos e deveres masculinos no que tange à defesa da honra familiar, isto é, a preocupação em salvaguardar o sobrenome da família e os laços de sangue que os une. Presenciei uma situação que ajuda a refletir sobre essa questão.

Era final da manhã de mais um dia quente do *Ramadan* de 2018. Eu havia acabado de acordar quando ouvi uma gritaria vinda do lado de fora. Não pude entender nada, pois era tudo falado em árabe, mas tive a impressão de que estava acontecendo uma discussão inflamada. Fui até a varanda e vi uma cena que jamais cogitei presenciar em pleno *Ramadan*, pois, no meu imaginário ingênuo, esse seria um período de plena paz: um casal — Maha e Asil — discutia no meio da rua, com ambos aos gritos, e o marido ameaçando a esposa com uma faca. Havia alguns homens ao redor assistindo à cena sem fazer nada. Outros dois homens pareciam tentar acalmar os ânimos do marido irritado, sem sucesso. Nas varandas, muitas pessoas observando, a maioria mulheres. Algumas gesticulavam bastante e gritavam palavras que não pude entender. Fiquei muito nervosa e decidi procurar alguém que pudesse intervir naquela situação de forma mais incisiva. Coloquei uma roupa adequada[14] e desci.

Chegando à rua, encontrei Ahmed[15], única pessoa disponível naquele momento com quem eu poderia me comunicar em um inglês minimamente fluido. Perguntei se a polícia já havia sido chamada, e ele respondeu que brigas entre casais devem ser resolvidas pelas famílias, e não recorrendo à polícia. Continuei apreensiva, mesmo com ele dizendo que eu não precisava me preocupar, pois os irmãos de Maha já estavam cientes do que estava acontecendo e certamente a família dela não deixaria a situação passar despercebida, uma vez que um homem jamais permitiria que uma mulher que carrega seu sobrenome e seu sangue tivesse sua dignidade atingida. De qualquer forma, fui persistente e convenci Ahmed a intervir. Ele se juntou aos homens que já estavam tentando acalmar Asil. Depois de algum tempo e muita conversa, ele acabou entregando a faca, e Maha entrou em casa. Cerca de dez minutos depois, ela saiu com uma sacola na mão e os três filhos. Somente após a saída dela que Ahmed e os outros dois homens deixaram que Asil voltasse para casa. Eu senti um alívio por essa história não terminar de forma trágica.

---

[14] Para me adequar ao padrão cultural local, eu me vestia como as mulheres que ali viviam, ou seja, com roupas compridas e que não marcavam o corpo. No início, não usava o *hijab* (véu islâmico) para cobrir os cabelos, mas depois acabei adotando-o, pois em Mahalla não vi nenhuma mulher com os cabelos à mostra, e eu acabava chamando muita atenção quando não os cobria.

[15] Ahmed era um homem solteiro de 27 anos que vivia com seus pais na rua Z. Foi um dos poucos homens de Mahalla que não fazia parte da família ElSharb e falava comigo sem grandes problemas.

Algumas horas mais tarde, com a situação controlada, quis saber se Maha e os filhos estavam bem e em segurança. Ahmed respondeu que ela estava na casa dos pais, perto dali. Ele disse que já estava correndo pela rua a notícia de que ela voltaria para casa em breve, levada pelos irmãos, que teriam uma conversa séria com Asil. De fato, isso aconteceu, porém de uma forma que, mais uma vez, eu não poderia prever.

Na tarde do dia seguinte, enquanto estava na rua tentando conversar com algumas pessoas por intermédio de Aisha, que sabia razoavelmente inglês, chegaram oito tuk-tuks[16], que pararam na porta do prédio onde vivia o casal que havia protagonizado a briga do dia anterior. Vários homens desceram dos carros. Não consegui contar o número exato, mas eram cerca de dez. A princípio, não entendi o que estava acontecendo, até que Maha saiu de um dos tuk-tuks. Os filhos não estavam presentes. Com a movimentação e o barulho, algumas mulheres rapidamente apareceram nas varandas, e alguns homens foram para a rua. Naquele momento, pude entender melhor o que havia sido explicado sobre a forma como se resolvem as contendas familiares: era uma questão de honra.

Assim como entre os sarakatsani analisados por Campbell (1988, p. 115), o grupo aqui descrito também entende a honra para além de uma perspectiva meramente individualista, posto que "a honra da família, e a sua solidariedade, estão simbolizadas na ideia do sangue". Essa honra herdada pelo sobrenome familiar não é estável e pode ser perdida. Cabe relembrar que estou me referindo a uma sociedade patrilinear, logo esse sangue não é um sangue qualquer, mas sim o do chefe da família, que tem um nome a zelar ou, melhor dizendo, uma honra a preservar. Quando um membro da família tem sua integridade física ou moral atingida, a reputação de todos fica em risco. Diante tal situação, a família que se sentiu ofendida precisava agir rapidamente. Caso contrário, perderia sua reputação social.

[16] Tuk-tuk é um triciclo motorizado comum no Egito. É muito utilizado como transporte alternativo por ser mais barato que táxi e mais prático e rápido que ônibus.

Ao ameaçar sua esposa com uma faca, expondo-a e aos seus filhos a uma situação de vulnerabilidade e humilhação, com o agravante do conflito ter extrapolado o espaço privado e ocupado o público, portanto sujeito a julgamentos daqueles que presenciaram o ocorrido, Asil atingiu não somente a dignidade individual de Maha enquanto esposa, mas também o nome paterno que ela carrega e o sangue que corre em suas veias. Era uma questão de honra que deveria ser resolvida entre as famílias, e, por isso, a polícia não foi chamada. Uma perspectiva orientalista[17] tenderia a enxergar o não recurso aos aparatos legais como negligência e falta de proteção às mulheres. Fornecer uma explicação sob esta ótica seria simplista e reducionista, não correspondendo à forma como aquele grupo tratava os conflitos desta natureza. Ali, não é uma atitude honrosa chamar a polícia, pois recorrer à justiça remete à falta de capacidade de resolver pendências de honra, tal como Pitt-Rivers ressalta:

> Recorrer à lei para obter uma reparação é confessar publicamente ter sido vítima de uma malevolência e esta demonstração de vulnerabilidade põe a honra em risco. Além disso, dá ao ofensor mais oportunidades de humilhar o ofendido durante o período em que o processo decorre, o que não ajuda a restabelecer a honra, mas apenas torna ainda mais pública sua desgraça (1988, p. 21).

É possível perceber que Mahalla é regida por leis próprias, em uma lógica que ressalta a agência dos homens em situações-limite para a construção de reputações masculinas. Assim, "deixar uma afronta por vingar é deixar a própria honra num estado de profanação equivalente a covardia" (Pitt-Rivers, 1988, p. 18). Percebe-se, portanto, a ligação entre honra e coragem e, por conseguinte, da desonra com a covardia. Em casos como o descrito,

[17] Segundo Said (2003), o termo orientalismo remete ao colonialismo europeu do século XIX e que se fundamenta no "lugar especial do Oriente na experiência ocidental europeia" (Said, 2003, p. 20-21). A partir da perspectiva orientalista, o Ocidente criou uma representação do Oriente no imaginário coletivo ocidental.

os homens precisavam ser proativos, vingativos e, dentro de um certo limite, ter uma postura agressiva, mas sem necessariamente chegar às vias de fato da violência física. Recorrer às leis oficiais seria uma vergonha e, consequentemente, levaria à desonra, acarretando a perda da reputação de toda uma família.

Para a honra ser comprometida, a ofensa precisaria acontecer na frente de testemunhas. Ou seja, a amplitude do dano causado à reputação se liga à opinião pública, que, por sua vez, funciona como uma espécie de tribunal (Pitt-Rivers, 1988, p. 18-19). Em Mahalla, as informações fluíam de forma relativamente veloz, e qualquer acontecimento público — mesmo que presenciado por poucas testemunhas — tinha a tendência de chegar aos ouvidos dos demais rapidamente. Por isso, arrisco afirmar que toda a rua estava na expectativa de uma reação dos parentes de Maha, uma vez que um homem que se preocupa em resguardar a honra familiar não poderia agir de outra maneira. Assim, como a afronta à dignidade daquela mulher — e consequentemente de toda sua família e, principalmente, do chefe da família — foi um evento público, a reação também precisava ser. Logo, aqueles homens que foram defender uma reputação certamente não o fariam de forma privada. A retaliação deveria ser igualmente pública para humilhar o ofensor.

A partir dessa necessidade de haver testemunhas para a ratificação das reputações, ouso supor que, se a briga não tivesse extrapolado a esfera privada, as consequências teriam sido diferentes. Acredito que satisfações seriam tomadas mesmo no caso de a briga ter se limitado ao espaço privado. Porém, provavelmente a forma de abordagem seria diferente: não teria sido necessária a humilhação pública de Asil.

Quando vi os tuk-tuks chegando e todos aqueles homens cercando o prédio do casal, fiquei bastante preocupada com o que poderia acontecer. Àquela altura eu já havia entendido que a polícia não seria envolvida no caso, nem mesmo por Asil, que naquele momento era quem estava sendo intimidado. Por mais que ele estivesse prestes a ser humilhado, chamar a polícia era algo fora de cogitação. Mais uma vez, foi dito que eu não precisava me preocupar. A impressão que tive é que as pessoas já previam o desfecho, dada a certeza com que falavam que ficaria tudo bem.

Asil enfim desceu e foi conversar com os parentes de Maha. Depois, soube que ali estavam seus irmãos e primos. Fiquei surpresa com o que naquele momento considerei coragem, tendo em vista que vários daqueles homens portavam facas. Não sei o que foi dito, pois, além de não entender o idioma, eu estava um pouco distante do prédio, até por uma questão de segurança, já que não fazia ideia do que estava por vir. Porém, era claro que todos aqueles homens estavam intimidando e humilhando Asil, apontando-lhe as facas e falando alto com dedo em riste. Porém, não vi ninguém tocando-o de fato. Não sei precisar quanto tempo durou esse duelo, mas foi relativamente rápido. Depois de alguns minutos de tensão, os homens simplesmente foram embora, e Maha entrou em casa. No dia seguinte, dois tuk-tuks voltaram com as crianças. Quando tive oportunidade, perguntei a Ahmed o que havia acontecido, pois ainda existiam algumas lacunas a serem preenchidas, não só pela minha diferente visão de mundo, mas também pelas limitações linguísticas. Segundo Ahmed, o que acontecera foi muito simples: bastou o homem pedir desculpas públicas, e tudo ficou resolvido. Isso remete à observação feita por Pitt-Rivers (1988, p. 15) de que, em uma competição por honra, "a reputação do vencedor é acrescentada pela humilhação do vencido". A satisfação precisava ser reivindicada publicamente, pois não bastaria um simples pedido de desculpas, era necessário envergonhá-lo frente aos demais.

Um aspecto relevante a ser levado em consideração é que tudo isso aconteceu em pleno *Ramadan*. Essa especificidade do contexto fez emergir algumas contradições entre a ética islâmica e os princípios da honra quando esta se associa ao parentesco. Segundo Gilmore (1994), os indivíduos precisam lidar com duas demandas principais: seus conflitos psicológicos e suas necessidades de adequação às demandas culturais. As decisões individuais são, portanto, soluções encontradas a partir da relação entre essas duas esferas distintas, que podem ser contraditórias. Nesse sentido, Campbell (1988) afirma que é pertinente buscar entender como dado grupo consegue conciliar ideais religiosos e sociais que, à primeira vista, se apresentam como opostos.

Nos grupos analisados, os objetivos a serem alcançados para que um homem construísse ou reafirmasse sua reputação e, consequentemente, mantivesse sua honra inabalada, não necessariamente estavam em desacordo com os preceitos religiosos. Por outro lado, ao voltar o olhar para os meios que buscavam para alcançar tais objetivos, algumas contradições poderiam surgir, e a conciliação se dava no escopo da própria religião. Conversei com algumas pessoas sobre o ocorrido, pois estava curiosa para saber o que a vizinhança pensava sobre a forma dos homens de lidar com aquele tipo de situação. Soube que a justificativa dada por Asil para o ocorrido foi justamente o cerne do *Ramadan*: o jejum. Ele disse que o fato de estar jejuando, portanto com fome e sede, o deixou nervoso e impaciente. De fato, ouvi muitas pessoas dizendo que o *Ramadan* é o período do ano no qual os casais mais tendem a brigar, devido às restrições impostas que, por sua vez, interferem nas emoções. Apesar de não conseguir entender, eu gostava de assistir a programas da TV egípcia e, quando possível, solicitava que alguém me explicasse brevemente o que estava sendo apresentado. Um dia, o assunto principal de um programa de auditório era justamente essa questão dos problemas nos casamentos durante o *Ramadan*, uma vez que, a despeito de ser um momento de busca espiritual, os ânimos acabavam sendo abalados por conta das circunstâncias. A apresentadora dava dicas de como superar os obstáculos, reafirmando a importância das orações para o autocontrole dos impulsos nefastos.

Percebe-se, portanto, que existe certo reconhecimento acerca dos problemas matrimoniais que podem acontecer durante o mês sagrado. Em Mahalla, existe também certo consenso em relação ao fato de os homens se sentirem estressados e sobrecarregados por conta das obrigações que têm perante a família. "*Homens são assim mesmo, é a natureza deles*", ouvi de algumas mulheres em diferentes momentos.

Tendo como referência a perspectiva dos habitantes de Mahalla sobre a situação, percebi que, por mais que Asil tivesse agredido e exposto sua esposa, indo inclusive contra as orientações religiosas, a vizinhança reproduzia a explicação acima descrita. Isso não significa, no entanto, que as pessoas o defendiam; pelo contrário. Todos com quem tive a oportunidade de conversar foram unânimes em afirmar que ele estava absolutamente errado e que a família de Maha agiu de forma correta. Por outro lado, entendiam o motivo pelo qual o fato aconteceu justamente no *Ramadan*: o marido certamente estava abalado emocionalmente e com os nervos à flor da pele.

Contudo, algo ainda me intrigava: conhecendo as regras de conduta, o comportamento esperado para ser respeitado enquanto homem e certamente sabendo qual seria a reação da família da esposa, por que Asil agiu daquela forma? A resposta pode ser encontrada na afirmação de Pitt-Rivers (1988) de que não se pode tirar a honra de quem não a tem. Asil tinha a fama de não gostar de trabalhar. O homem que trabalha duro e, por conseguinte, é bom provedor é uma noção fundamental que remete ao que é ser um homem muçulmano. O casal tinha uma pequena mercearia no primeiro andar do prédio em que moravam, mas somente Maha e seu filho mais velho, na época com 9 anos, trabalhavam ali. Ela se desdobrava entre o cuidado da casa, dos filhos, do marido e da única fonte de renda da família, enquanto Asil ficava o dia inteiro em casa sem se preocupar com o pequeno comércio e à noite saía para ficar com os amigos em algum dos inúmeros cafés da cidade. Nesse momento, é interessante fazer uma brevíssima comparação com o caso de Abdo, que não frequentava os cafés, espaço por excelência de homossociabilidade masculina em Mahalla. A despeito de, ao menos momentaneamente, não ter capacidade de ser o provedor de sua família, Abdo se preocupava com sua reputação. Conforme

Pitt-Rivers (1988, p. 39) afirma, "vergonha, em seu aspecto social, é a vulnerabilidade perante a opinião dos outros, [...] uma consciência da opinião pública e dos juízos feitos pela comunidade", o que nos leva ao entendimento de que Abdo se sentia envergonhado por sua situação, e isso lhe garantia alguma reputação. Em contrapartida, Asil pode ser pensado como pertencendo à "classe dos sem-vergonha", nos termos de Pitt-Rivers, tendo em vista sua "conduta persistentemente vergonhosa" e, portanto, "fora do espectro moral" (Pitt-Rivers, 1988, p. 29): ele não tinha mais nada a perder. Logo, ameaçar a dignidade da esposa em público não teria como atingir uma reputação que ele não mais possuía.

O fato de Asil ter descido rapidamente para conversar com os parentes de Maha pode, à primeira vista, ser entendido como um ato de coragem, que de fato foi a minha primeira percepção em relação à sua atitude. No entanto, indo além da superfície, e considerando a discussão até agora realizada, o que Asil sentia de fato era medo. Não era mais uma questão de defesa da reputação — já que ele não tinha —, mas de sobrevivência e preservação de sua integridade física. Sendo um homem fracassado e, portanto, desonrado, sua conduta remete mais à covardia, menos à coragem.

Ainda sobre Asil, outro elemento em relação ao ocorrido acabou por reforçar sua má reputação e sua condição de homem fracassado. Segundo a tradição islâmica, durante o *Ramadan*, Satanás fica acorrentado no inferno, e as portas do paraíso se abrem. Por isso, é conhecido como o mês da misericórdia divina. Assim, os fiéis não podem justificar seus erros colocando a culpa na influência maligna de Satanás. Todos os pecados cometidos nesse período são fruto dos próprios desejos de cada um, o que remete a um dos propósitos do mês sagrado, que é a busca pelo autocontrole. Não sendo capaz de ter autodomínio de suas emoções e ações, a situação de Asil ficou ainda pior aos olhos da vizinhança.

Ao voltar as atenções para a reação da família de Maha, também podemos perceber possíveis contradições entre a ética islâmica e os valores sociais. Conforme vimos anteriormente, ao mesmo tempo que os homens têm obrigação de proteger a família, recorrendo, inclusive, ao uso da força física em casos de ataque, eles devem ser sábios para decidir quando ela deve ser de fato empregada, já que perdoar é um ato de caridade e generosidade altamente valorizados, especialmente durante o *Ramadan*. Entretanto, é imprescindível considerar o fato de que ser um homem sábio, mesmo segundo a perspectiva islâmica, é uma ideia ampla e certamente vai variar de acordo com os contextos e as relações estabelecidas. Logo, para a família de Maha, assim como para a vizinhança em geral, a retaliação estaria de acordo com os ensinamentos religiosos, uma vez que era uma reação a uma ação ofensiva em direção à família. Certamente não podemos perder de vista o caráter público da retaliação, que não tem relação direta com a religião, mas sim com a construção de reputações, como já foi amplamente debatido. Porém, é interessante observar que, a partir do momento que Asil se retratou, a família de Maha aceitou as desculpas e se retirou, ou seja, foram misericordiosos, tal como preconiza o Islã. Ao fim e ao cabo, os valores religiosos e sociais mais amplos acabam se encontrando nas diferentes práticas.

4

REPUTAÇÕES RESSIGNIFICADAS

No capítulo anterior, foram apresentadas análises que consideraram especialmente as dinâmicas familiares, tendo em vista a centralidade da instituição social da família para meus interlocutores. Compreender como esses homens performatizavam suas masculinidades quando lidavam com audiências e espaços que, por sua vez, remetiam a esses círculos mais íntimos nos ajuda a apreender valores e ideais que o grupo entende como sendo aqueles que devem constituir um "homem de verdade".

Para esses homens construírem suas reputações enquanto tais no contexto das relações mais próximas, eles buscavam performatizar masculinidades que valorizavam a autoridade, a virilidade e a honra. No entanto, transitavam por outros espaços e interagiam com diferentes audiências, que influenciavam diretamente suas performances de gênero. A internet, com todo seu dinamismo e multilocalidade, é um desses ambientes.

O Capítulo 2 trouxe, entre outras, a discussão em torno da liberdade do anonimato e, na ocasião, mencionei a forma como alguns homens mudaram a maneira como lidavam comigo ao mantermos contato nos meios virtuais. No presente capítulo, mais do que simplesmente avançar nesse debate, tenho o intuito de compreender como esses homens buscavam construir suas reputações nesses outros contextos nos quais aqueles valores relevantes nos círculos familiares, de vizinhança e amizade mais próximos são ressignificados para o entendimento do que é ser um "homem de verdade".

4.1 O QUE NINGUÉM SABE, NINGUÉM ESTRAGA

No que tange aos ambientes virtuais, existe uma situação bastante simbólica para avançar no debate sobre a liberdade do anonimato, que remete aos diversos perfis nas redes sociais que alguns dos meus interlocutores possuíam. Alguns deles criaram duas contas no Facebook: uma para adicionar a família, colegas de trabalho, amigos etc., isto é, o círculo de pessoas para as quais suas performances de masculinidades geralmente englobariam aqueles valores ligados à instituição familiar; e outra sigilosa, na maioria das vezes *fake*, para interações com pessoas de fora do Egito, geralmente mulheres de países ocidentais. Como Leitão e Gomes (2017) afirmam, perfis *fakes* em plataformas como o Facebook, na qual a convergência identitária é uma característica fundamental, favorecem sociabilidades que tendem à experimentação. Essa tendência à experimentação surge em espaços livres de moralidades pré-concebidas, como são suas comunidades locais e, em especial, o seio familiar.

No perfil oficial do Facebook, meus interlocutores não costumavam fazer muitas postagens. "*Não gosto de postar muita coisa no Facebook... fica todo mundo sabendo da sua vida... tem muita gente invejosa*", foi o que Jamal disse ao ser questionado sobre o motivo de não postar com frequência em sua rede social. Esse era o padrão de meus interlocutores: perfis com pouquíssimas fotos, postagens mais gerais, como compartilhamento de piadas, textos religiosos, notícias genéricas e, quando muito, algumas fotos de si mesmos sozinhos ou com amigos.

Yehia postava muitas fotos pessoais, mas seu Facebook não exibia seu status de relacionamento, tampouco havia fotos de Marcela: "[...] *não quero ficar expondo meu casamento na internet... tem muitos homens que são loucos para casar com uma mulher estrangeira... se eu ficar colocando fotos de Marcela no Facebook, vão jogar mau olhado no meu casamento*".

Perguntei para Marcela se ela sentia algum incômodo com o fato de Yehia não expor seu relacionamento nas redes sociais. Ela disse que no início estranhou bastante, já que no Brasil, em geral, os casais se expõem mais na internet e era com isso que ela estava acostumada, baseando-se em seus relacionamentos anteriores. Assim, percebia aquela atitude do marido como uma forma de escondê-la, como se ele não quisesse assumi-la publicamente. No entanto, para Yehia, era uma forma de preservar sua privacidade e proteger Marcela, assim como o relacionamento como um todo, contra o mau-olhado. Com o tempo, Marcela acabou aceitando a postura do marido, que estava estreitamente relacionada à cultura local, já que era comum, não só entre os homens, mas principalmente entre as mulheres, a não exposição[18].

Segundo Quinet (2004), a crença no mau-olhado, caracterizado pelo poder mortífero do olhar, é uma das mais antigas manifestações e pode ser encontrada em todos os tipos de sociedades. Em diálogo com a perspectiva lacaniana, o autor enumera os traços comuns a essa crença, a saber:

> 1. o olho tem o poder de atacar um objeto ou uma pessoa; 2. o objeto atacado tem valor elevado e sua destruição, perda ou danificação acontece repentinamente; 3. aquele que lança um mau-olhado pode desconhecer o próprio poder; 4. A vítima pode não ser capaz de identificar a origem do mau-olhado; 5. O mau-olhado pode ser desviado ou seus efeitos atenuados ou evitados por meio de amuletos, dispositivos ou rituais mágicos; 6. A crença no mau-olhado serve para explicar a doença, o fracasso ou a perda de bens preciosos (colheitas, animais, outros); 7. A inveja é um fator que está sempre presente (Quinet, 2004, p. 330-331).

Para meus interlocutores, suas vidas privadas, filhos, relacionamentos afetivos, posses, trabalhos, estilos de vida etc. seriam alvos fáceis da inveja alheia caso fossem expostos nas redes sociais, fazendo com que as coisas começassem a desandar,

[18] Refiro-me, aqui, às mulheres de Mahalla.

parassem de funcionar. A partir dessa percepção, o sujeito se sente observado pelo olhar do outro, que é colocado em um lugar de suposto invejoso de algo que lhe pertence. Esse olhar, por sua vez, é o sinal de que esse bem possui um alto valor, por isso o poder do olhar do outro com sua inveja desvenda e reforça a presença do objeto, deixando-o sem proteção (Quinet, 2004).

Essa ideia, que embasa a percepção de si mesmo, de sua família e de suas coisas como alvos em potencial de um suposto mau-olhado, não deve ser compreendida como uma crença coletiva, uma vez que são fenômenos que nunca acontecem coletivamente, mas que só existem quando se manifestam, ou seja, não tem nenhuma relação normativa com a realidade, pois nada tem a ver com representação, com discurso puro. A representação não pode ser separada do fenômeno em si, que, por sua vez, não está disponível. A realidade é arbitrária e provisória, pois aquele que, em um dado microssistema, é o invejoso, em outro contexto pode ser o invejado. O que move esses sistemas é a ideia de que existe a inveja e o mau-olhado e que tais sentimentos são perigosos, e a exposição na internet potencializaria o perigo. Por isso, no que tange às redes sociais, meus interlocutores preferiam manter suas famílias — em especial esposa e filhos — no anonimato.

Favret-Saada (1980) chamou atenção para a rede fenomenológica, isto é, a sequência lógica dos acontecimentos que faz com que o implícito venha à tona, que o oculto se revele. No caso da inveja e do mau-olhado que meus interlocutores tanto temiam, a revelação se dava na desgraça. Não em uma desgraça isolada, mas em sua repetição. O infortúnio acontece com todo mundo, o que não acontece com todos é a repetição dos infortúnios. Esse processo é justamente o mecanismo de revelação do oculto, é a sintomatologia daquele que foi vítima de inveja ou mau-olhado.

O caso de Youssef é emblemático nesse sentido, pois ele tem formação superior em contabilidade, já teve bons empregos, foi casado e tem uma filha. Logo após o casamento, foi viver com sua esposa no apartamento dele localizado na casa da família

ElSharb. Segundo Sarah, Youssef, quando mais jovem, teve muitas pretendentes, pois era bonito, religioso, trabalhador e já tinha um apartamento pronto para viver com sua futura esposa. Depois de algum tempo, a vida de Youssef começou a desandar: ele perdeu o emprego, o casamento começou a ir mal, a esposa sofreu um aborto espontâneo e, para coroar a fase ruim, veio o divórcio. Quando cheguei a Mahalla, Youssef continuava divorciado — e sem perspectiva de um novo casamento —, sem emprego, vendo muito pouco sua filha e vivendo às custas de seus pais. Para Sarah, Youssef havia sido vítima da inveja alheia, provavelmente por parte de algumas das mulheres por quem ele não se interessou.

Desse modo, ao compartilhar o mínimo possível sobre suas vidas, meus interlocutores possuíam perfis no Facebook mais para ver do que para serem vistos. A despeito de não terem como escapar dos olhares alheios, buscavam minimizar os supostos danos.

É interessante observar que não havia preocupação com uma suposta inveja ou olho grande de minha parte, simplesmente pelo fato de que eu não teria o poder de causar algum infortúnio, e isso tem relação direta com minha identidade em campo. Para fazer parte de um sistema que me colocaria em uma posição de suposta invejosa em relação aos outros, eu precisaria ser classificada moralmente nos termos desse sistema. Como eu não fazia parte, nada do que falasse, fizesse ou visse causaria algum estrago na vida dos meus interlocutores.

Mesmo com discrição, eles costumavam acessar bastante suas redes, especialmente Facebook, Messenger e WhatsApp, a fim de manter contato com família e amigos, além da possibilidade de fazer novas amizades virtuais com pessoas de todo o mundo. Foi unânime entre eles que o uso das redes aumentou com o início da pandemia de Covid-19, principalmente por conta do toque de recolher noturno, que mexeu com os hábitos de muitos homens que gostavam de frequentar os cafés durante a noite. Essa não foi uma questão para Jamal, por exemplo, tendo em vista que ele não vivia mais no Egito. Casou-se com uma mulher muçulmana que conheceu pela internet e foi viver na Eslovênia, país de sua esposa. Sua rotina estava voltada para o trabalho e a família. No seu tempo livre, se distraía na internet.

Jamal, por viver longe de sua família, dizia que era bom entrar no Facebook e ver postagens de seus amigos e familiares. Ao agir dessa forma, buscava manter vivo o laço social possibilitado pela internet. Por meio de aplicativos de mensagens, podia conversar com sua mãe e suas irmãs, ver os sobrinhos por chamada de vídeo, matar a saudade dos amigos, e até mesmo participar virtualmente da festa de casamento de uma prima.

As redes sociais, em especial o Facebook, podem ser pensadas segundo a perspectiva simmeliana de sociabilidade, na medida em que, naquele espaço, os sujeitos dispensam qualquer outra motivação a não ser o desejo de se associarem e pela satisfação que disso deriva. Ocorre ali, portanto, a sociabilidade no sentido estrito da palavra, isto é, uma "forma pura" de ação recíproca na qual a satisfação pessoal está atrelada à satisfação do outro (Simmel, 2006).

Outra característica que vale considerar é o fato de essas relações se desenrolarem a partir da ideia de um conjunto híbrido formado por humanos e não humanos e no qual ambos têm potencial para agir. Essas redes sociotécnicas, como são conhecidas no âmbito da TAR, podem ser reelaboradas a partir de diferentes arranjos e devem ser entendidas como diferentes do conceito de redes sociais, nas quais se prioriza o domínio humano sobre o não humano (Latour, 2012).

Portanto, a interação com Jamal, Yehia, Moustafa, ou qualquer um dos meus interlocutores via internet, não pode ser pensada sem levar em consideração os elementos não humanos aos quais se associavam, uma vez que são resultado dessas múltiplas associações.

Um bom exemplo sobre a dinâmica dessas múltiplas associações é a performance que meus interlocutores desempenhavam em relação a mim no Facebook e nos aplicativos de mensagens.

Muda o suporte tecnológico, mudam as associações, muda a performance, o que dialoga fortemente com a perspectiva goffmaniana que abordei anteriormente. No WhatsApp e no Messenger, por ter um caráter mais privado, ou melhor dizendo, anônimo em termos de reputação, recebi diversas fotos das famílias de meus interlocutores, conheci, via chamada de vídeo, mães, pais, irmãos e amigos, e participei de momentos festivos. No entanto, em relação aos homens com quem não tive contato prévio de forma presencial, não fui apresentada — via Facebook, chamada de vídeo ou mensagem — a nenhuma esposa.

Quando as associações se estabilizam, não havendo movimento dessas múltiplas redes que resultam em diferentes performances, as redes sociotécnicas tornam-se caixas-pretas (Latour, 2012). Nesse sentido, percebo que meus interlocutores buscavam manter seus Facebooks como caixas-pretas, uma vez que faziam um esforço autorregulatório para não expor algo que não deveria ou deixar transparecer alguma característica de sua personalidade que, naquele contexto, não gostaria de deixar visível. Ainda que caixas-pretas sejam difíceis de serem abertas, os interesses de diferentes actantes podem desestabilizá-las. Imagine se eu, ou qualquer outra pessoa, postasse no mural do Facebook de algum dos meus interlocutores uma foto de algum familiar deles que tivesse sido enviada a mim de forma privada no Messenger ou WhatsApp. Certamente novas associações seriam suscitadas, controvérsias viriam à tona (Latour, 2012), e essa caixa-preta seria aberta.

Obviamente, eu jamais faria isso. Para rastrear as controvérsias, não é necessário chegar a esse ponto extremo e antiético. Para tanto, ter tomado conhecimento sobre os perfis sigilosos ou *fakes* de alguns de meus interlocutores foi de grande valia, uma vez que pude presenciar diferentes performances de masculinidades que se deram de acordo com os espaços e audiências do mundo virtual.

Esses perfis secundários eram todos trancados, ou seja, somente quem era adicionado como amigo conseguia acessar as informações ali colocadas. Os nomes, em geral, costumavam ser falsos ou abreviaturas, ainda que alguns usassem seu próprio nome. A maioria não possuía fotos no perfil. Costumavam colocar fotos de flores, corações, artistas indianos ou jogadores de futebol, em especial Mohamed Salah. Faziam parte de grupos do Facebook a partir dos quais tinham contato com mulheres de fora do Egito, com as quais faziam amizades e, em alguns casos, até iniciavam um relacionamento virtual. Para alguns, isso não passava de uma brincadeira, embora outros vissem como uma oportunidade real de se casar com uma mulher estrangeira.

Essa liberdade do anonimato é relativa na medida em que, naquele grupo social formado a partir dos perfis secundários do Facebook, era esperado deles um determinado comportamento. Eles eram, em maior ou menor grau, reputados de alguma maneira, que não era a mesma daquela de Mahalla, e buscavam corresponder a essas expectativas, que giravam em torno da esperança, por parte dessas mulheres, de conhecer um homem árabe com boas condições financeiras e que estivesse disposto a casar. Muitos desses homens mentiam sobre a situação financeira e sobre o estado civil, já que alguns eram casados e não tinham a mínima intenção de deixar suas respectivas famílias.

De qualquer forma, assim como ocorria presencialmente em Mahalla, a forma como são reputados naquele espaço perpassa as relações ali estabelecidas. Se pensarmos em relação a Mahalla, no ambiente virtual sigiloso ou *fake*, eles são considerados anônimos, já que não são vistos a partir do pertencimento familiar ou da comunidade local. Ali, suas reputações possuem outros significados e pesos, pois as relações, os espaços e as audiências são também outros. As dinâmicas interacionais se transformam, propiciando, assim, a existência de diferentes performances de masculinidades. Ao fim e ao cabo, não se trata necessariamente de uma liberdade no sentido de estar completamente livre de toda e qualquer amarra social, já que todos os espaços e audiências apresentam seus próprios padrões, normas e valores que, por sua vez, são mais ou menos propícios a determinadas performances.

4.2 ILUSTRES DESCONHECIDOS

Como a esta altura já deve estar claro, os papéis de gênero no Egito, mais especificamente em Mahalla, foco das análises aqui apresentadas, são bem definidos, e, ao colocar a família no centro a partir do qual emergem os valores e ideais que estabelecem as moralidades que dão forma a esses papéis de gênero, o casamento acaba por ser o caminho que deve ser buscado por todos, homens e mulheres. Especialmente a partir dessa relevância do matrimônio e dos valores a ele vinculados, algumas (muitas) mulheres ocidentais acabam criando certa imagem dos homens árabes como românticos, apaixonados e provedores.

Marcela, por exemplo, que conheceu Yehia pela internet, disse, em certa ocasião, que estava desiludida com o amor devido aos seus relacionamentos anteriores:

> *Os homens brasileiros só querem te usar e depois descartar, ninguém mais quer assumir um compromisso... meu último namorado [no Brasil] me enrolou por anos pra no final me largar e deixar com dívidas. Quando comecei a conversar com Yehia, achei ele tão diferente... tão romântico... ele me elogiava, dizia que me amava, queria saber da minha vida... antes mesmo de eu vir pra cá [Egito] ele conheceu minha mãe, meus irmãos [pela internet]... fez questão de me pedir em casamento (muitos risos)... que loucura! Quando decidi vir pro Egito, Yehia fez questão de pagar pela passagem... por isso até que demorou um pouco, porque o dólar aqui não vale nada né... mas pra quem tava acostumada a dividir a conta com o namorado, imagina só o upgrade! (mais risos) Fora que ele quis logo casar, não ficou me enrolando, sabe... aqui é assim, não tem enrolação, é pá pum!*

De acordo com Vieira e Cohn (2008), as relações que se desenrolam em ambientes virtuais tendem a ser mais intensas e fortes, uma vez que não há a centralidade do corpo, mas sim do mundo das ideias. Com isso, "a aproximação na Internet está mais relacionada a afinidades de personalidade do que as relações presenciais" (Vieira; Cohn, 2008, p. 104). Em ambientes virtuais, acaba existindo uma certa facilidade na forma de se expressar ao outro, pois não há uma preocupação com os impulsos corporais.

> A ausência do corpo nas relações virtuais limita as expressões nas relações, o que pode prejudicar a comunicação ao mesmo tempo em que pode facilitar alguns momentos de interação. [...] A ausência da expressão corporal em alguns momentos facilita a continuidade da conversa, mesmo com aqueles que conhecemos pessoalmente, por exemplo, na aproximação não demonstramos nervosismo no suar das mãos, no desviar do olhar, no tom da voz (Vieira; Cohn, 2008, p. 97).

Muitos homens, cientes, ao menos em parte, da maneira como são vistos aos olhos dessas mulheres ocidentais, performatizam suas masculinidades de modo a corresponder a essas expectativas. Por estarem separados por uma tela e muitos quilômetros de distância, sentem-se à vontade para tecer narrativas sobre si que vão ao encontro do que tais audiências esperam. Nesses espaços, eles não são reputados de acordo com seus laços de sangue e sobrenomes. Em seus perfis secretos ou *fakes*, se libertam de uma amarra que os levam a performatizar certas masculinidades. Todavia, necessariamente se prendem, por espontânea vontade, a outra: a de alimentar as idealizações alheias — e também as suas próprias.

A maneira generalista como essas mulheres concebiam os homens árabes — aqui em especial os egípcios — remete ao ethos romântico do Orientalismo que, segundo Dumovich (2016), "é o que atrai e encanta o espírito, com seus ritmos, sabores, texturas, cheiros e cores, uma miríade de imagens sinestésicas que convidam a fantasiar" (p. 95). Ainda que ressalte a relevância da argumentação de Said (1990) no que se refere ao Orientalismo, isto é, as representações do Oriente no imaginário coletivo ocidental, Dumovich

(2016) chama atenção para o fato de que Said não considerou em suas análises a questão da apropriação dessas representações pelos próprios orientais, assim como a forma que esses percebem o Ocidente. É por isso que a antropóloga afirma que "as relações entre os 'ocidentais' e os 'orientais' se estabelecem numa negociação das identidades que partem de representações mútuas" (Dumovich, 2016, p. 96). Com isso, meus interlocutores, por meio de seus perfis secretos ou *fakes*, performatizam suas masculinidades com o intuito de construir suas reputações junto àquelas novas audiências.

As motivações para criarem esses perfis secundários eram inúmeras: alguns estavam de fato em busca de um casamento com uma mulher estrangeira, enquanto outros — muitos casados — estavam simplesmente se divertindo às custas das ilusões alheias, na medida em que não tinham a menor intenção de levar aqueles relacionamentos adiante. Há, ainda, aqueles que queriam simplesmente fazer novas amizades. Não é raro, especialmente em grupos do Facebook voltados especificamente para relacionamentos, ler relatos de mulheres que foram enganadas por seus namorados estrangeiros, que teriam recebido dinheiro e presentes e depois sumido sem deixar rastros. No entanto, não observei esse comportamento entre meus interlocutores.

Sharaf, homem solteiro de 26 anos que vivia em Mahalla, era um dos que possuíam dois perfis no Facebook, e em cada um deles sua performance se diferenciava. Enquanto no perfil, digamos, oficial, ele seguia o padrão que apontei anteriormente, isto é, de não expor muito a si e sua família, assim como fazer postagens mais genéricas, com piadas ou trechos do Alcorão; no perfil secundário, apesar de não utilizar seu nome verdadeiro, constantemente postava fotos suas, a maioria em pontos turísticos do Cairo e de Alexandria.

De forma geral, primeiro tive acesso ao perfil oficial de meus interlocutores e somente depois de algum tempo conheci os perfis secundários (quando existiam ou quando me deixavam saber que existiam). Com Sharaf, o movimento foi inverso: fui adicionada primeiro no perfil secundário e posteriormente conheci seu perfil oficial. Isso diz muito sobre como fui vista por ele no momento do estabelecimento de nossa relação. Desde o início, ele sabia que se tratava de uma abordagem para o desenvolvimento de minha pesquisa, fato que o deixou ainda mais curioso, conforme ele mesmo confessou depois de algum tempo.

Seu inglês não era dos melhores, mas o Google Tradutor era seu grande amigo, não só para se comunicar comigo, mas também para se manter ativo nos diversos grupos do Facebook dos quais fazia parte. Em seu perfil secreto, tinha uma namorada americana chamada Emily, para quem fazia postagens declarando seu amor e criava montagens das mais diversas com fotos de ambos envoltos por corações. Quando perguntado se de fato gostaria de se casar com ela, Sharaf disse que a amava muito e que realmente queria se casar, mas não estava certo se isso aconteceria por conta da distância e da falta de dinheiro.

Conforme vimos com Goffman (2018), as performances de apresentação do eu são construídas a partir das interações sociais, o que engloba necessariamente as expectativas dos outros. Em seu perfil secundário, Sharaf não parecia se preocupar em honrar o sobrenome da família nos mesmos termos que ocorria em suas relações mais próximas: as expressões dos sentimentos se davam de forma mais aberta e, ao menos aparentemente, espontânea, e as conversas com mulheres de fora do círculo familiar e de amizade ocorriam normalmente sem grandes questões, assim como os assuntos tratados pareciam não ter muitas restrições. Nas conversas abertas, seja por meio de seus próprios perfis, seja por trocas de mensagens dentro dos grupos do Facebook, as declarações de amor eram rotina. Não tive acesso às conversas privadas que ocorriam pelo Messenger, mas, segundo Sharaf, eles trocavam fotos íntimas e mensagens com teor sexual. Perguntado se teria esse tipo de conversa com uma mulher egípcia, ele disse que *"jamais, nunca! Uma mulher egípcia nunca aceitaria isso. E, se aceitar, tem alguma coisa errada, não serve para casar"*.

Para explicar sua colocação, Sharaf disse que as mulheres egípcias de boa família, além de já nascerem muçulmanas, são criadas de forma a saber discernir o que é certo e o que é errado. Assim, uma mulher egípcia agir daquela maneira, dando abertura a homens, a princípio desconhecidos, na internet, ter relacionamentos virtuais e levar adiante conversas de teor sexual, sugere que ela não respeita a si mesma, tampouco sua família. Como poderia então respeitar o marido? Já a mulher ocidental, para ele, tinha uma espécie de bônus por sua ignorância: ao desconhecer o certo e o errado, acabava agindo de forma considerada por ele inapropriada, porém perdoável.

É óbvio que estamos de frente a uma grande generalização, mas é justamente com essas lentes que Sharaf enxerga as mulheres, separando-as em orientais — em especial as egípcias — e ocidentais. Suas performances dependem não só da forma como ele entende suas audiências, mas também da maneira como elas o veem.

Apropriado ou não, o que não é uma questão aqui, o fato é que naquele espaço Sharaf performatizava masculinidades que corroboravam os anseios de Emily, sua namorada americana. Também, claro, com seus próprios, já que estamos nos referindo a uma relação que se retroalimenta.

Mahmoud, que foi casado duas vezes com mulheres ocidentais, tem um entendimento semelhante ao de Sharaf no que tange às mulheres egípcias e as ocidentais. Quando era bem mais jovem, antes mesmo do seu primeiro casamento, ficou noivo de uma mulher egípcia de uma família bem reputada dos arredores da Rua Z. A família ElSharb estava muito satisfeita com o noivado e provável casamento, e ele também estava feliz com sua escolha.

Depois de alguns meses de noivado, a família da noiva permitiu que eles saíssem sozinhos para fazer um breve passeio numa sexta-feira à tarde. Ele a levou para tomar um sorvete em uma lanchonete de Mahalla. Ambos estavam felizes, conversando, e, quando ele percebeu que a lanchonete havia ficado vazia, decidiu dar um beijo selinho na noiva, que não se esquivou. Segundo Mahmoud, ela parecia ter gostado.

Após esse episódio, Mahmoud ficou dias sem falar com ela, pensando no que havia ocorrido. Então, decidiu pôr fim ao noivado, pois acreditava que aquela mulher não havia se comportado de maneira apropriada ao aceitar o beijo de um homem que não era seu marido. "*Se ela fez comigo, já deve ter feito com outros*", disse. Em seu ponto de vista, ela deveria ter recusado o beijo ou até mesmo feito reclamação para seus pais, o que não aconteceu. O interessante é que tempos depois ele viria a se casar com uma mulher eslovena não muçulmana que já havia tido relacionamentos anteriores e, posteriormente, com uma britânica, muçulmana convertida, que inclusive já tinha filhos. Intrigada com a diferença em suas performances, questionei por que ele havia agido daquela maneira com sua noiva egípcia, sendo que depois se casou com uma mulher estrangeira cuja trajetória de vida, valores e ideais não necessariamente iam ao encontro dos seus.

Medeja, eslovena que foi sua primeira esposa, era alguns anos mais velha que Mahmoud, que a conhecera em seu primeiro emprego após finalizar sua faculdade de Turismo. Ele atuava como guia de turismo em um resort em Taba, cidade situada no Golfo de Aqaba no Mar Vermelho, na fronteira entre Egito e Israel. Medeja trabalhava no mesmo resort como garçonete. Conheceram-se, apaixonaram-se, e Mahmoud quis logo se casar, o que não foi aceito de imediato por ela, pois não era sua intenção morar definitivamente no Egito, muito menos se converter ao Islã, algo que Mahmoud gostaria que ela fizesse.

Os planos da eslovena mudariam depois de ocorrer ataques a bomba em Taba, ocasionando algumas mortes e muitos feridos, além da enorme sensação de insegurança em permanecer na região. Com isso, Mahmoud decidiu se mudar para o Cairo e atuar como guia de turismo na capital. Medeja, por sua vez, voltaria para seu país de origem, mas, apaixonada, resolveu aceitar a proposta de casamento e se mudou para o Cairo com Mahmoud.

No entanto, o casamento durou apenas alguns anos, pois, segundo Mahmoud, Medeja "*agia como um homem*", o que era inadmissível. Em um sistema no qual homens e mulheres ocupam posições opostas e complementares, ao "agir como um homem" Medeja o colocava em um incômodo lugar feminino. Ao ser perguntado sobre o que Medeja fazia de tão grave a ponto de levar o casamento ao fim, Mahmoud disse que ela não lhe obedecia, gostava de sair sozinha sem avisar, não gostava de cozinhar e de cuidar da casa e queria continuar trabalhando, mesmo ele afirmando que ela não precisava.

Mahmoud disse que enfrentou sua família para se casar com ela, tendo em vista que todos foram contra o matrimônio. Para os ElSharb, o casamento estava fadado ao fracasso, pois eles eram muito diferentes. O casamento, para dar certo, precisava ser iniciado sem impulsividade, o que definitivamente não havia sido o caso. Mahmoud se lamenta muito por seu casamento ter chegado ao fim, pois acreditava que seria para sempre, que construiria uma família com muitos filhos e que sua esposa, em algum momento, aceitaria o Islã como religião, mas isso não aconteceu. Medeja não planejava ter filhos e não pretendia se converter.

Ivy, a britânica, era muçulmana convertida que já havia sido casada anteriormente e já tinha um filho. Mahmoud a conhecera por meio de um aplicativo de relacionamentos para muçulmanos que buscam casamento e disse que a escolhera por ser exatamente o que procurava: uma mulher estrangeira muçulmana. O casamento também não deu certo; durou apenas alguns meses, pois ela não se adaptou à vida no Egito, além de não ter conseguido levar seu filho para lá.

Medeja e Ivy, ao serem inseridas no sistema ao qual Mahmoud fazia parte — e que a partir do casamento elas também passariam a compor —, teriam que se adaptar a ele, se comportando e agindo de acordo com o esperado. Nenhuma das duas encontrou seus devidos lugares no sistema conforme elas provavelmente esperavam. Medeja foi vista como um homem, pois, segundo

Mahmoud, agia como tal. Ivy, por sua vez, não se adaptou ao estilo de vida no Egito, reclamava muito da poeira, da dificuldade em fazer coisas simples sozinha (como ir ao mercado) e chorava por sentir saudades do filho. Além disso, Mahmoud disse que Ivy achava que ele era rico e fazia com que ele gastasse demais com presentes, passeios e gastos em geral com a casa. A grande questão do casamento, no entanto, foi porque Ivy queria que o filho fosse viver com eles no Egito e estudasse em uma escola americana no Cairo, o que era algo bastante caro. Mahmoud, por sua vez, não estava disposto a gastar tanto dinheiro com um filho que não era seu, por isso não a ajudou a organizar a documentação necessária para levar a criança ao Egito. Em pouco tempo, Ivy pediu o divórcio e voltou ao seu país de origem, deixando no Egito um homem triste com o fracasso de seu segundo casamento.

Perguntado por que fazia questão de se casar com uma mulher estrangeira, Mahmoud disse que as egípcias eram muito mimadas e que suas famílias interferiam demais nos casamentos. Depois de algum tempo, disse que um dos motivos era também em relação ao dinheiro: para uma mulher estrangeira ocidental, ele não precisaria pagar um dote muito alto (ainda que fizesse questão de cumprir com essa obrigação), além de não precisar se preocupar com festa, entre tantas outras questões que envolvem um casamento com uma mulher egípcia de boa família. Seu sonho, ao fim e ao cabo, era encontrar uma mulher (de preferência de pele clara e cabelos loiros) que unisse o melhor dos dois mundos. Até a finalização da pesquisa que deu origem a este livro, Mahmoud ainda estava em busca de seu terceiro casamento. Havia se mudado para Kazan, uma cidade na Rússia de maioria muçulmana, para estudar russo e ampliar sua clientela de turistas no Egito e, principalmente, tentar encontrar a esposa de seus sonhos.

De todo modo, a questão central aqui gira em torno das diferentes performances de Mahmoud no que se refere às mulheres com quem se relacionou. Sua noiva egípcia, ao permitir ser beijada, ainda que de forma breve, fez com que ele colocasse fim ao noivado. Em relação a Medeja, mesmo tendo a conhecido como uma mulher independente que não hesitou em fazer sexo antes do casamento, ele quis tê-la como esposa. Ivy era divorciada e mãe de um filho, o que também não impediu o matrimônio. Para ele, tais aspectos eram imperdoáveis caso a mulher fosse egípcia, levando a diferenciação nas performances.

No entanto, a partir do momento que aquelas mulheres estrangeiras se casaram com Mahmoud, tornando-se parte dele e, mais do que isso, símbolo de sua própria dignidade, conforme palavras do próprio, elas precisariam mudar suas performances para se adequar àquela nova realidade. Afinal, com o casamento, passaram a fazer parte da família ElSharb — ainda que não carregassem o sobrenome — e precisavam agir como tal. Ou seja, todos aqueles valores que constituíam os significados do que é ser um homem em Mahalla vinham à tona nas relações estabelecidas entre ele e aquelas mulheres a partir do momento em que o casamento foi formalizado.

Os diferentes contextos nos quais Sharaf e Mahmoud se movem levam, portanto, ao desempenho de diferentes performances, o que, por sua vez, têm estreita ligação com o desejo de projetar uma determinada imagem ao(s) outro(s). No entanto, conforme Goffman (2018) ressaltou, o fato de os atores sociais desempenharem diferentes papéis, a depender do palco e da peça, não significa que estejam se tornando outras pessoas. Tanto a máscara e os figurinos utilizados quanto o que, em determinado momento, encontra-se escondido são facetas de um mesmo indivíduo. Assim,

> Quando o indivíduo se apresenta diante dos outros, seu desempenho tenderá a incorporar e exemplificar os valores oficialmente reconhecidos pela sociedade e até realmente mais do que o comportamento do indivíduo como um todo. Uma representação ressalta os valores oficiais comuns da sociedade em que se processa (Goffman, 2018, p. 41).

Fica claro, portanto, que não há uma rigidez nas performances de masculinidades, e isso não significa que, em algum desses contextos, Sharaf, Mahmoud, ou qualquer outro interlocutor estejam sendo falsos ou dissimulados, embora isso possa ocorrer, inclusive nas relações face a face. Suas performances, nas diferentes circunstâncias, não devem ser categorizadas como mais ou menos verdadeiras, mas pensadas como diferentes dinâmicas por meio das quais esses homens constroem suas reputações a depender dos contextos e relações a que estão submetidos, sejam presenciais ou virtuais.

Nota-se, ainda, que aqueles valores considerados centrais no entendimento do que é ser um "homem de verdade" continuavam postos nas relações estabelecidas com aquelas mulheres estrangeiras. No entanto, tais valores foram ressignificados para que as interações acontecessem de acordo com a expectativa das mulheres em relação a eles. Ressignificado por elas, que em geral criavam uma imagem idealizada dos homens árabes, aqui em especial dos egípcios; mas também idealizada por eles, que viam nas mulheres estrangeiras possibilidades que não encontravam naquelas pertencentes a seu próprio mundo, seja em relação a questões financeiras, amorosas, sexuais, seja simplesmente um fascínio pelo diferente.

CONSIDERAÇÕES FINAIS

Quando cheguei ao Egito, em 2018, a única certeza que tinha era de que eu produziria material suficiente para o desenvolvimento de uma futura pesquisa. Ainda não possuía um olhar teórico-metodológico orientado, tampouco um objeto de pesquisa delineado. Certamente, a forma como essa experiência de campo foi vivida impactou diretamente o modo como as diferentes práticas foram por mim percebidas, assim como nas escolhas teóricas que guiaram este trabalho. A segunda etapa da etnografia, baseada no trabalho de campo em ambientes virtuais, foi realizada já com embasamento de teoria antropológica. Ainda assim, seguindo os caminhos teóricos abertos desde a primeira etapa.

Para analisar as performances de masculinidades voltadas às construções de reputações em Al-Mahalla Al-Kubra, baseei-me especialmente na perspectiva teórica de Bourdieu sobre a dominação masculina, ressaltando que essa não deve ser confundida com a concepção teórica que enfatiza a opressão de gênero. Ainda que meu olhar e meus objetivos estivessem voltados para as ações e pensamentos dos homens, isto é, a "masculinidade dos homens", como diria Vale de Almeida (1996), fez-se necessário compreender como se dava a relação entre homens e mulheres, já que esses dois elementos ocupavam lugares predeterminados em um sistema que os diferencia hierarquicamente, especialmente no seio familiar. É neste sentido que Boudieu (2011) coloca que

> A divisão entre os sexos parece estar "na ordem das coisas", como se diz por vezes para falar do que é normal, natural a ponto de ser inevitável: ela está presente, ao mesmo tempo, em estado objetivado nas coisas [...], em todo o mundo social e, em estado

> incorporado, nos corpos e nos *habitus* dos agentes, funcionando como esquemas de percepção, de pensamento e de ação (p. 17, grifos do autor).

Justamente por funcionar dessa maneira, entender a relevância dada à divisão entre os sexos em Mahalla foi essencial para a análise das performances de masculinidades, já que são categorias de pensamento que permeiam a forma de ver o mundo de todos, sejam homens ou mulheres. Por serem comuns a todos, essas categorias acabam por orientar as performances masculinas de construções de reputações.

Performances foram aqui entendidas de acordo com o pensamento simbólico-interacionista de Goffman (2018), segundo o qual a vida cotidiana é comparada a um grande teatro. Estamos a todo tempo representando a nós mesmos, o que não necessariamente significa dissimulação. As performances se diferenciam à medida que varia o contexto, isto é, os espaços e as audiências.

Um primeiro ponto de atenção em relação à Mahalla, no que tange aos espaços, é a não separação, em termos práticos, das esferas públicas e privadas como masculinas e femininas, respectivamente. Embora no plano do discurso possa existir essa diferenciação — e que ela seja até mesmo idealmente almejada para muitos —, pude perceber que a dicotomia rígida entre esses espaços não faz sentido no dia a dia daquelas pessoas. Assim, para pensar os diferentes espaços — e compreender as dinâmicas interacionais que ali se desenrolavam —, esses foram necessariamente vinculados às audiências que neles se situavam. Com isso, as performances foram pensadas em termos de público, no sentido de conhecido, reputado, e anônimo. A partir dessa relação entre público e anônimo, pude perceber em Mahalla três cenários principais que influenciavam o modo como os homens performatizavam suas masculinidades a fim de construir suas reputações enquanto tais.

O primeiro cenário se refere às circunstâncias nas quais os homens estavam diante de audiências que os reputavam de acordo com seus laços de sangue e sobrenome, como o seio familiar, amigos da família e vizinhança. A comunidade de afetos (Koury, 2018), formada por uma vizinhança na qual todos se conheciam de forma próxima e caracterizada pela solidariedade e sentimento de pertença, é um elemento central para o entendimento das performances que ali se davam, na medida em que havia certa vigilância mútua e forte participação na vida uns dos outros. Tais características faziam com que ser reputado de acordo com seu sobrenome exercesse um peso considerável nas performances masculinas.

Há outra circunstância, na qual o homem estava longe de sua comunidade de afetos; logo, não era reputado a partir de seus laços de sangue e sobrenome. Esse status de anônimo levava a dois cenários distintos: o homem sentir falta do modo de vida de Mahalla, devido especialmente à ênfase no compartilhamento de valores e ideais e preocupação uns com os outros; ou o homem se sentir livre por não carregar o peso social de seu sobrenome, portanto, sem precisar performatizar suas masculinidades de acordo com o que era esperado no seio de sua comunidade de afetos.

Esses valores e ideais, que alguns sentiam falta enquanto outros se sentiam libertos, eram os princípios norteadores que orientavam práticas em comum em Mahalla. Tais elementos, centrais para a compreensão de como se davam as construções de reputações masculinas na cidade, eram: a autoridade perante a família e a consequente obrigação de se sacrificar por ela; a capacidade de ter filhos e de prover, o que remete à virilidade; e a obrigação de cuidar e de proteger sua família que, por sua vez, tem estreita relação com a reputação que o sobrenome familiar carrega.

No entanto, esses homens circulavam em espaços outros, compostos por variadas audiências, nos quais eles não eram reputados de acordo com seus sobrenomes. Nesses outros contextos, os valores de autoridade, virilidade e honra continuavam a ser princípios norteadores das práticas, porém ressignificados para que as interações ocorressem com as novas audiências, e suas reputações fossem construídas de acordo com o que era esperado dentro daquelas dinâmicas. Ao ser um ilustre desconhecido, o homem podia representar a si de outras maneiras, de acordo com a expectativa do outro — geralmente mulheres ocidentais que idealizavam de forma romantizada o homem árabe como sendo romântico e provedor. Essas mulheres eram igualmente reputadas de alguma maneira por meus interlocutores e, também por isso, havia uma diferenciação entre as masculinidades performatizadas diante de mulheres egípcias e na presença daquelas mulheres estrangeiras. Havia, portanto, um jogo de impressões, nos termos de Goffmann (2018), perpassado pelas expressões que os homens e as mulheres emitiam de si mesmos a fim de representar da melhor forma possível o papel social que se colocavam, ao mesmo tempo em que eram colocados. É nesse sentido que

> Quando permitimos que o indivíduo projete uma definição da situação no momento em que aparece diante dos outros, devemos ver também que os outros, mesmo que o seu papel pareça passivo, projetarão de maneira efetiva uma definição da situação, em virtude da resposta dada ao indivíduo e por quaisquer linhas de ação que inaugurem com relação a ele (Goffman, 2018, p. 18).

A partir das performances observadas, foi possível perceber, ainda, que o medo do fracasso, isto é, de não ser considerado um "homem de verdade" — um *ragel*, *ibn balad* ou *dakar*, a depender da situação — fazia parte das dinâmicas interacionais que se davam nos diferentes encontros. Ao refletir sobre o estado de alerta desencadeado pelo receio de comprometer a si mesmos, aos outros ou ao próprio encontro, Goffman (2018) afirma que

> Em sua capacidade de atores, os indivíduos se interessarão em manter a impressão de que vivem à altura dos múltiplos padrões pelos quais eles e seus produtos serão julgados. E porque esses padrões são muito numerosos e difundidos, os indivíduos que são os atores vivem, mais do que poderíamos pensar, num mundo moral. Mas, enquanto ato-

> res, os indivíduos interessam-se não pela questão moral de realizar esses padrões, mas pela questão amoral de maquinar uma impressão convincente de que estes padrões estão sendo realizados. Nossa atividade, portanto, está amplamente ligada a assuntos morais, mas, como atores, não temos interesse moral neles. Como atores, somos mercadores de moralidade. [...] Usando uma imagem diferente, a própria obrigação e a vantagem de aparecer sempre sob um prisma moral constante, de ser um personagem socializado, forçam o indivíduo a ser a espécie de pessoa que é representada no palco (p. 230).

Ou seja, para não colocar a perder suas reputações enquanto homens, meus interlocutores buscavam controlar suas impressões a fim de sustentar um comportamento padrão por meio do qual eram avaliados os diferentes atores envolvidos na interação. Com isso, reivindicavam, em maior ou menor grau, certos valores sociais positivos, isto é, uma dada fachada, nos termos de Goffman (2011), para quem o conceito significa "a imagem do eu delineada em termos de atributos sociais aprovados" (Goffman, 2011, p. 14). As condutas eram, portanto, ritualizadas em certa medida, visto que eram expressões dos padrões culturais (Benedict, 2013) que nelas imprimiam significado. Por isso, para Goffman (2011, p. 18), essa busca por aprovação social faz do homem seu próprio prisioneiro:

> Seja como for, apesar de sua fachada social ser sua posse mais pessoal e o centro de sua segurança e prazer, ela é apenas um empréstimo da sociedade; ela será retirada a não ser que a pessoa se comporte de forma digna dela. Atributos aprovados e sua relação com a fachada fazem de cada homem seu próprio carcereiro; está é uma coerção social fundamental, ainda que os homens possam gostar de suas celas.

No entanto, conforme mencionei na introdução, os homens não estão presos a padrões imutáveis. Não por acaso existem diferentes performances de masculinidades no seio de uma mesma comunidade afetiva. Mas, em Mahalla, é possível perceber essa proeminência do social e o quanto isso orienta as diferentes relações de gênero e, consequentemente, de masculinidades.

Um dia, durante o trabalho de campo, ao se deparar com minhas perguntas — muitas vezes incômodas —, Mahmoud disse: "*você sempre toca nesses temas sensíveis; mas tudo bem se você for justa*". Espero ter correspondido a essa expectativa do meu principal interlocutor.

REFERÊNCIAS

BARBOSA, Gustavo. Gender Troubles in Shatila, Lebanon: Bodies that matther (the Fidā ʾiyyīn's Heroism) and Undoing Gender (the Shabāb's Burden). *In*: INHORN, Marcia; NAGUIB, Nefissa (org.). **Reconceiving Muslim Men**: Love and Marriage, Family and Care in Precarious Times. New York; Oxford: Berghahn, 2018.

BENEDICT, Ruth. [1934]. **Padrões de Cultura**. Petrópolis: Editora Vozes, 2013.

BERGER, Peter; LUCKMANN, Thomas. [1985]. **A construção social da realidade**: tratado de sociologia do conhecimento. Petrópolis: Editora Vozes, 2003.

BERREMAN, Gerald. Etnografia e controle de impressões em uma aldeia do Himalaia [1962]. *In*: GUIMARÃES, Alba Zaluar (org.). **Desvendando máscaras sociais**. Rio de Janeiro: Francisco Alves, 1990. p. 123-175.

BOELLSTORFF, Tom. Rethinking Digital Anthropology. *In*: HORST, Heather; MILLER, Daniel. **Digital Anthropology**. London; New York: BERG, 2012. p. 39-60.

BOURDIEU, Pierre. **A dominação masculina**. Rio de Janeiro: Bertrand, 2011.

CAMPBELL, John. A honra e o diabo. *In*: PERISTIANY, John (org.). **Honra e vergonha**: valores das sociedades contemporâneas. Lisboa: Gulbenkian, 1988. p. 113-137.

CARDOSO, Bárbara. **Medeia em Ovídio**: a pudicitia como elemento constituinte do modelo de conduta feminina. 2018. 51f. Trabalho de Conclusão de Curso (Especialização em Cultura, Língua e Literatura Latina) – Universidade Federal Fluminense, Niterói, 2018.

CASTRO, Celso. Apresentação. *In*: CASTRO, Celso (org.). **Franz Boas**: Antropologia Cultural. Rio de Janeiro: Ed. Zahar, 2005. p. 7-23.

CECCHETO, Fátima. **Violência e estilos de masculinidade**. Rio de Janeiro: FGV, 2004.

CLASTRES, Pierre. [1974]. **A sociedade contra o Estado**. São Paulo: Cosac & Naify, 2003.

CONNELL, Raewyn. [1995]. The Social Organization of Masculinity. *In*: **Masculinities**. Berkeley: University of California Press, 2005. p. 67-86.

CONNELL, Raewyn.; MESSERSCHMIDT, James W. Masculinidade hegemônica: repensando o conceito. **Revista Estudos Feministas**, [*s. l.*], v. 21, n. 1, jan./abr. 2013, p. 241-282.

CORBIN, Alain; COURTINE, Jean-Jacques; VIGARELLO, Georges. **História da Virilidade**. Petrópolis: Editora Vozes, 2013.

DAMATTA, Roberto. Sabe com quem está falando? Um ensaio sobre a distinção entre indivíduo e pessoa no Brasil. *In*: DAMATTA, Roberto. **Carnavais, malandros e heróis**: para uma sociologia do dilema brasileiro. Rio de Janeiro: Rocco, 1997. p. 181-248.

DUMONT, Louis. **Homo Hierarchichus**: o sistema de castas e suas implicações. São Paulo: Edusp, 2008.

DUMOVICH, Liza. **Ya habibi**: conversão feminina ao Islã no Rio de Janeiro. Rio de Janeiro: Ponteio, 2016.

EVANS-PRITCHARD, Edward. [1951]. Trabalho de campo e tradição empírica. *In*: EVANS-PRITCHARD, Edward. **Antropologia Social**. Lisboa: Edições 70, 1972. p. 67-85.

EVANS-PRITCHARD, Edward. [1976]. Algumas reminiscências e reflexões sobre o trabalho de campo. *In*: EVANS-PRITCHARD, Edward. **Bruxaria, Oráculos e Magia entre os Azande**. Rio de Janeiro: Jorge Zahar, 2005. p. 243-255.

FAVRET-SAADA, Jeanne. **Deadly Words**: Witchcraft in the Bocage. Cambridge: Cambridge University Press, 1980.

FONSECA, Claudia. **Família, fofoca e honra**. Porto Alegre: Editora da UFRGS, 2004.

FOUCAULT, Michael. [1970]. **A ordem do discurso**. São Paulo: Edições Loyola, 1999.

FOUCAULT, Michael. [1979]. **Microfísica do Poder**. Rio de Janeiro: Edições Graal, 1985.

GEERTZ, Clifford. [1973]. Uma descrição densa: por uma teoria interpretativa da cultura. *In*: GEERTZ, Clifford. **A interpretação das culturas**. Rio de Janeiro: LTC, 2008. p. 3-24.

GEERTZ, Clifford. Do ponto de vista dos nativos: a natureza do entendimento antropológico. [1983]. *In*: GEERTZ, Clifford. **O saber local**: novos ensaios em antropologia interpretativa. Petrópolis: Editora Vozes, 2018. p. 60-74.

GEERTZ, Clifford. Os usos da diversidade. *In*: GEERTZ, Clifford. **Horizontes Antropológicos**, Porto Alegre, ano 5, n. 10, p. 13-34, maio 1999.

GHANNAM, Farha. **Remaking the modern**: Space, Relocation, and the Politics of Identity in a Global Cairo. Berkeley; Los Angeles; London: University of California Press, 2002.

GILMORE, David D. **Hacerse hombre**: concepciones culturales de la masculinidad. Barcelona: Paidós Ibérica, 1994. p. 15-64.

GLUCKMAN, Max. Gossip and Scandal. **Current Anthropology**, [*s. l.*], v. 4, n. 3, p. 307-316, 1963.

GOFFMAN, Erving. [1959]. **A representação do eu na vida cotidiana**. Petrópolis: Editora Vozes, 2018.

GOFFMAN, Erving. [1967]. **Ritual de interação**: ensaios sobre o comportamento face a face. Petrópolis: Editora Vozes, 2011.

GRÜNNAGEL, Christian; WIESER, Doris. "Nós somos machistas": entrevistas com escritores(as) brasileiros(as). **Estudos de Literatura Brasileira Contemporânea**, Brasília, n. 45, p. 343-350, jun. 2015.

GUEDES, Simoni Lahud. **Jogo de Corpo**: um estudo de construção social de trabalhadores. Niterói: Eduff, 1997.

GUTMANN, Matthew. [1996]. **Os significados de ser homem em uma colônia popular na Cidade do México**. Niterói: CEAD/UFF, 2017.

GUTMANN, Matthew. Traficando con Hombres: la Antropología de la Masculinidad. **Horizontes Antropológicos**, Porto Alegre, n. 10, p. 245-286, 1999.

HINE, Christine. **Ethnography for the Internet**: Embedded, Embodied and Everyday. London: Bloomsbury, 2015.

INHORN, Marcia **The New Arab Man**: Emergent Masculinities, Technologies, and Islam in the Middle East. Princeton; Oxford: Princeton University Press, 2012.

INHORN, Marcia. The worms are weak: male infertility and patriarchal paradoxes in Egypt. *In*: OUZGANE, Lahoucine (org.). **Islamic Masculinities**. London; New York: Zed Books, 2006. p. 217-237.

KIMMEL, Michael. A produção simultânea de masculinidades hegemônicas e subalternas. **Horizontes Antropológicos**, Porto Alegre, ano 4, n. 9, p. 103-117, out. 1998.

KOURY, Mauro Guilherme Pinheiro. **Uma comunidade de afetos**: etnografia sobre uma rua de um bairro popular na perspectiva da antropologia das emoções. Curitiba: Appris, 2018.

KOURY, Mauro Guilherme Pinheiro. **Etnografias Urbanas sobre Pertença e Medos na Cidade.** Recife: Bagaço; João Pessoa: Edições GREM, 2017.

LATOUR, Bruno. **Jamais fomos modernos**: ensaios de antropologia simétrica. Rio de Janeiro: Ed. 34, 1994.

LATOUR, Bruno. **Reagregando o social**: uma introdução à Teoria do Ator-Rede. Salvador: EDUFBA; Bauru: EDUSC, 2012.

LE BRETON, David. [1992]. **Rostos**: Ensaio de Antropologia. Petrópolis: Vozes, 2019.

LE BRETON, David. [2002]. **Sinais de identidade**: tatuagens, piercings e outras marcas corporais. Lisboa: Miosótis, 2004.

LEITÃO, Débora; GOMES, Laura Graziela. Estar e não estar lá, eis a questão: pesquisa etnográfica no Second Life. **Cronos, Revista da Pós-Graduação em Ciências Sociais**, UFRN, Natal, v. 12, n. 2, p. 23-38, jul./dez. 2011.

LEITÃO, Débora; GOMES, Laura Graziela. Etnografia em ambientes digitais: perambulações, acompanhamentos e imersões. **Revista Antropolítica**, n. 42, Niterói p. 41-65, 1 sem. 2017.

LÉVI-STRAUSS, Claude. [1949]. **As estruturas elementares do parentesco**. Petrópolis: Editora Vozes, 1982.

LOBATO, Josefina. **A gestão do amor**: domesticação e disciplina. 1994. 282f. Tese (Doutorado em Antropologia) – Universidade de Brasília, Brasília, 1994.

MACHADO, Paula. Entre homens: espaços de gênero em uma pesquisa antropológica sobre masculinidade e decisões sexuais e reprodutivas. *In*: BONETTI, Alinne; FLEISCHER, Soraya (org.). **Entre saias justas e jogos de cintura**: gênero e etnografia na antropologia brasileira recente. Porto Alegre: [*s. n.*], 2006. p. 114-135.

MALINOWSKI, Bronislaw. [1922]. **Argonautas do Pacífico Ocidental**: um relato do empreendimento e da aventura dos nativos nos arquipélagos da Nova Guiné Melanésia. São Paulo: Editora Abril Cultural, 1978. (Coleção Os Pensadores).

MAUSS, Marcel. Ensaio sobre a dádiva: forma e razão da troca nas sociedades arcaicas [1925]. *In*: MAUSS, Marcel. **Sociologia e Antropologia**. São Paulo: Cosac Naify, 2003.

MEAD, Margaret. [1935]. **Sexo e temperamento**. São Paulo: Perspectiva, 2013.

MILLER, Daniel; HORST, Heather. The Digital and the Human: A Prospectus for Digital Anthropology. *In*: HORST, Heather; MILLER, Daniel. **Digital Anthropology**. London; New York: BERG, 2012. p. 3-35.

MILLER, Daniel; SLATER, Don. Etnografia on e off-line: cibercafés em Trinidad. **Horizontes Antropológicos**, Porto Alegre, ano 10, n. 21, p. 41-65, jan./jun. 2004.

NAGUIB, Nefissa. **Nurtering Masculinities**: Men, Food, and Family in Contemporary Egypt. Austin: University of Texas Press, 2015.

OLIVEIRA, Pedro. **Sociologia da Fofoca**: notas sobre uma forma de narrativa do cotidiano. *In*: ENCONTRO ANUAL DA ANPOCS, 34., 2010, Caxambu. **Anais** [...].

ORTNER, Sherry. Está a mulher para o homem assim como a natureza para a cultura? *In*: ROSALDO, Michelle; LAMPHERE, Louise. (org.). **A mulher, a cultura e a sociedade**. Rio de Janeiro: Paz e Terra, 1979.

PERISTIANY, John G. Introduction. *In*: PERISTIANY, John G. (org.). **Honour and shame**: the values of Mediterranean Society. London: Weidenfeld and Nicolson, 1965. p. 9-18.

PITT-RIVERS, Julian. Honra e posição social. *In*: PERISTIANY, John. (org.). **Honra e vergonha**: valores das sociedades mediterrânicas. Lisboa: Gulbenkian, 1988. p. 13-59.

QUINET, Antônio. [2002]. **Um olhar a mais**: ser e ser visto na psicanálise. Rio de Janeiro: Jorge Zahar, 2004.

SAFFIOTI, Heleieth. **Gênero, patriarcado, violência**. São Paulo: Perseu Abramo, 2004.

SAID, Edward. **Orientalismo**: o Oriente como invenção do Ocidente. São Paulo: Companhia de Bolso, 2003.

SANTOS FRANCISCO, André. O "macho" em crise: apontamentos sobre as diferentes masculinidades e as diferentes pornografias. *In*: JORNADA DE ALUNOS DO PPGA-UFF, 10., 2016, Niterói. **Anais** [...]. Niterói: UFF, 2016.

SCOTT, Joan. Gênero: uma categoria útil de análise histórica. **Educação & Realidade**, Porto Alegre, v. 20, n. 2, p. 71-99, jul./dez. 1995.

SIMMEL, Georg. [1903]. As grandes cidades e a vida do espírito. **Mana**, [*s. l.*], v. 11, n. 2, p. 577-591, 2005.

SIMMEL, Georg. [1917]. **Questões fundamentais da Sociologia**: indivíduo e sociedade. Rio de Janeiro: Zahar, 2006.

VALE DE ALMEIDA, Miguel. Gênero, masculinidade e poder: revendo um caso do sul de Portugal. **Anuário Antropológico**, Rio de Janeiro, p. 161-189, 1996.

VIEIRA, Cibele; COHN, Clarice. Amor contemporâneo e relações na Internet: ausência do corpo nas relações. **Revista Brasileira de Sociologia da Emoção**, [*s. l.*], v. 7, n. 19, abr. 2008.

WAGNER, Roy. A presunção da cultura. *In*: WAGNER, Roy. **A invenção da cultura**. São Paulo: Cosac & Naify, 2010. p. 27-46.

WEBER, Florence. **Trabalho fora do trabalho**: uma etnografia das percepções. Rio de Janeiro: Garamond, 2009.